GOOD NEIGHBORS JAMBOREE

グッドネイバーズ・ジャンボリー

ローカルの未来を照らす
コミュニティ・フェスティバルの12年

坂口修一郎 著　グッドネイバーズ・ジャンボリー実行委員会 編

光文社

はじめに

グッドネイバーズ・ジャンボリー（GNJ）は、南国・鹿児島でひらかれる
ちいさなフェスティバルです。自然あふれる環境の中でクリエイティブ
な表現に触れ学び合う、プレイフルな「みんなでつくる森の文化祭」が
ずっと変わらないテーマ。舞台は深い森にたたずむ廃校（現リバーバンク
森の学校）。音楽やクラフト、デザイン、アート、文学や映画、食、ダン
スなどの身体表現からスポーツまで。ジャンルをこえた多様なカル
チャーが集まり、人里はなれた森の中に1日だけ架空の街があらわれま
す。大人も子どもも、地域や国籍、ジェンダーや障害のあるなし、プロ
フェッショナルとアマチュア。与える人と与えられる人がお互いを尊重
し合い、垣根をこえてフラットに交流する場。そこに集まった人たちが
影響を与え合い、つくりあげるコミュニティの祝祭日です。

仲間うちのちょっとした思いつきから始まった集まりは、回を重ねるご
とにコンテンツの奥行きを増し、共感してくれる人たちをまき込んでそ
の環を広げています。たった1日の祝祭に向けて、1年かけて準備する実
行委員の間にも、開催当日の会場にも明文化されたルールや禁止事項は
ほとんどありません。にもかかわらず混沌としながら穏やかで自由な場
の空気感を保ったまま、地域内外から関わる人々のすこやかな対流を生
み出しています。

GNJは2010年の初回から現在まで、震災や台風といった自然災害やパ
ンデミックなどのさまざまなハードルをのりこえて、一度も途切れるこ
となく続いてきました。このフェスティバルはもともと地域の活性化な
どを目指して始めた活動ではありません。しかし、少しずつ広がった地
域とのつながりは結果としていくつかのインパクトを残すことになりま
した。自然とみんなが口にするようになった「来年もまた森の学校で会
いましょう」というあいさつは、いつのまにかコミュニティの合言葉と
なって、地元だけでなく全国や海外からもよき隣人たちが旅をして足を
はこんでいます。

そんなGNJは初回から10年を経て11年目に入る年にコンテンツの内容
やサイズを見直し、拡大ではなく縮小を目指すことにしました。来るも
の拒まずですこしずつ大きくなっていたフェスティバルではなく、それ
までの10年の開催でつちかってきたものは変えずにちいさな場づくりへ
とシフトチェンジしています。その経験の中で見えてきたものをメン
バーみんなで振り返り話し合ってできたのがこの本です。

12年以上にわたって続いてきた「良き隣人たちのお祭り騒ぎ」という名前の祝祭はどのようにして始まり、いかにして続いてきたのか。世界がはげしく変動するいまの時代にあって、人々が集う祝祭の形も変化を求められています。GNJを続けながら考えてきた変えるべきものと守るべきもの。僕らのちいさな冒険の物語を、世界にあふれる祝祭のひとつのケーススタディとして楽しんでもらえたらうれしく思います。

「もしきみが幸運にも青年時代にパリに住んだとすれば、
きみが残りの人生をどこで過ごそうともパリはきみについてまわる。
なぜならパリは移動祝祭日だからだ」

――― アーネスト・ヘミングウェイ『移動祝祭日』（福田陸太郎 訳　土曜社）より

Contents

Contents

Chapter

1

みんなでつくる森の文化祭
グッドネイバーズ・ジャンボリーとは

鹿児島の森の中の廃校ではじまったGNJ。
コミュニティの祝祭日はどんな想いから生まれ、持続してきたのか。
GNJの旗の下にあつまったメンバーたちの声からひもとく。

祝祭のはじまり

エンドロールを眺めながら

　2008年の秋、僕は東京恵比寿のガーデンホールのステージ袖から、ライブが終わってもなかなか立ち去ろうとしない大勢の観客を眺めていました。僕が参加している楽団ダブルフェイマスは1993年に結成してから15周年を迎え、その締めくくりのワンマンライブを終えたところでした。この時の会場やライブの構成は全部自分たちで手掛けていました。観客がなかなか帰らなかったのは、ライブの最後にステージに幕を下ろし、そこにこれまでプロジェクトに関わってくれた人たちの名前を映画のエンドロールのように映写して終わるという演出をしていたからです。

　ダブルフェイマスはこの年の初夏にアルバムをリリースしてからそのプロモーションとして日本全国のフェスティバルツアーを敢行。この日にいたるまでにひと夏で10以上のフェスティバルに出演していました。ツアーの映像を押さえてドキュメント映画を作るなど15周年を記念した一連のプロジェクトの中でファイナルの節目。ライブ後のエンドロールがなかなか終わらないほど、関係してくれた人たちも多いプロジェクトでした。このコンサートを最後に楽団からは数名が脱退することが決まっていて、僕自身もこの先自分の活動をどうするかぼんやりと考えていました。

音楽に居場所を探して

　僕は鹿児島で生まれ育ち、高校卒業とともに東京に出ていきました。子どもの頃から音楽や映画が大好きで行ったことのないアメリカやフランスの文化に憧れていました。まだインターネットもなく、モノにも情報にも飢えていた少年時代。とにかくもっとたくさんの音楽が聴きたい、映画が観たい。日本や海外を旅してみたい。自分の故郷には何もないと思っていて、一日も早くここから出ていきたいその一心。地方都市によくある文化にかぶれた少年の姿です。その頃は自分が再び鹿児島に戻ってくるとは全く考えていなかった。大学に入るととにかく貪るようにレコードショップに入り浸り映画館に通い詰める日々。その中で同じように音楽が好きな仲間ができ、彼らに誘われるままにダブルフェイマスの結成に参加。そこでトランペットを吹くようになりました。鹿児島は吹奏楽が盛んで、子どもの頃に鹿児島の鼓笛隊で少し経験があったというだけで当時は音楽を生業にするつもりなどはありませんでした。しかし90年代のクラブカルチャーやワールド・ミュージックの波に巻きこまれ、楽団にはオファーが来るようになりました。いつしかメジャーのレコード会社からアルバムをリリース。全国各地で開催される音楽フェスティバルにも呼ばれて旅するようになりました。

9.11とCalexicoとの出会い

　そんな生活に明け暮れていたころ、2001年9月11日アメリカで同時多発テロが起きました。地方から東京へ、そしていつか海外へと考えていた僕にとって、世界有数の大都市でこのようなことが起きるとは想像もできない衝撃的な事件。それまでは世界中誰もが都市を目指すものだと思っていました。それにノーを突きつける人々がいるということにはじめて思い至った。都市を目指すということに疑問を感じるきっかけになった出来事でした。その数ヶ月後にアメリカからCalexicoというバンドが来日し、僕らは一緒に日本をツアーして回ることになりました。キャレキシコというちょっと変わった名前は、カリフォルニア (California) とメキシコ (Mexico) のあいだというところから。彼らはアリゾナ州のトゥーソンという小さな街を拠点にしていました。メンバーはアメリカ全土やヨーロッパからトゥーソンに集まりレコーディングやリハーサルを重ねる。そこからワールドツアーに出かけるような暮らしをしていました。

ホームタウンはどこだ

　聞けばトゥーソンの人口は鹿児島市と同じくらい。ニューヨークやロサンゼルスという大都会ではない。それまで聞いたこともなかった小さな街で活動しているのはなぜなのか。不思議に思って尋ねてみると「トゥーソンにいれば自分のスタジオでリラックスして音楽活動ができる。創作活動するのにいちいち狭くて高いスタジオを借りるなんて考えられない。大都会には全然メリットを感じないよ」と事もなげに答えてくれました。そして「ところで君たちのホームタウンはどこ？　なぜ東京にいるの？」。

　なぜこの街にいるのか。その問いに彼らほど明確に答えられない自分がいました。アメリカは開拓者精神を持って移民した人たちの国。自分の居場所は自分で選択するというマインドを持っている人が多いように思います。裏側にはさまざまな暗い歴史もあるので一概に称賛はできません。ただ、土地に対するルーツが希薄なだけに逆に暮らしの選択にプライドがある。それに対して日本人は先祖代々生まれ育ったところにずっといる人も多い。都市と地方の距離も比較的近いので自分で土地を選ぶという意識は彼らと比べると少ないかもしれません。

　東京はヒト、モノ、コトの集積地です。なにか活動をする場合、情報発信のハブとしてはいい。しかしインターネットの登場でどこにいても情報を得られるし、発信もできるようになりました。その意味ではとっくに都会の優位性は揺らいでいます。このまま東京に暮らし続けるのかということをはっきり意識したのはこの時でした。キャレキシコのメンバーが嬉しそうに自分たちのホームタウンのすばらしさについて語るのを聞いているうちに、自分の居場所やホームタウンはどこなんだろうと考えるようになったのです。

根無し草の楽団の旅を繰り返しながら、家も仕事も東京にあるので大都会東京に帰る。でもその土地は自分の場所なのかどうか。ほんとうにこのまま自分は東京に居続けるのか。当時僕は30代半ば。故郷の親戚が相次いで亡くなったりして、自分のルーツを意識し始めていました。このまま故郷から遠ざかったままだと自分のルーツから切り離されて戻れなくなってしまうんじゃないか。そんなことも考えていました。

楽団の旅

　ほかにも日本中のいろんな街に出かけてライブやフェスに出演しながら感じていたことがありました。楽団の旅はいろんな場所に出かけても意外とその地域のことを知らないままに次の場所に移動してしまうことが多いのです。当時はフェスに出演するのもだいたいは中央で活動しているアーティストばかり。その地域で活動している人と交流することも少ない。

　僕らは好奇心の旺盛な楽団だったので比較的交流は多かったように思います。ただ、何十組も出演するフェスティバルになるとオーガナイズする側も忙しいし地域をアテンドして廻るということも難しい。演奏が終わるとゆっくりする間もなく東京に帰るということも多かった。仕事としてフェスに参加するとその場所に行って演奏し、その地域のことをほとんど知らないまま帰るということは実は普通です。そんなあり方に少し物足りなさを感じていた。音楽だけではなくて、地域のものづくりやアートもあるはず。もっとその土地の人々やその地域ならではの活動に触れたい。僕は出かけていった地域や人たちのことを知りたかったのでそれが残念でした。東京で活動しているアーティストばかりが大きなステージに出ていて、地域のアーティストはあまりお客さんがいない時間にちょっとだけ出演しているというのもなんだか居心地が悪い。もしも自分がオーガナイズする場を作るとしたら、招いたアーティストがそういう活動に触れられるようなものにするんだけど。そんなことを漠然と考えていました。

感じていた違和感

　当時、音楽のフェスティバルは音楽がメイン。音楽の世界でもそれぞれのジャンルでシーンがタコツボ化していることにも違和感がありました。デザインやアートのイベントはそちらに興味のある人だけが集まっている。しかし、僕はいろんなジャンルを超えてクリエイターが集まるような場を求めていた。1920年代から40年代のパリのカフェやサロンには音楽家や小説家、詩人、画家や映画監督など活動のジャンルを超えて集まって刺激を与え合っていたといいます。ヘミングウェイやフィッツジェラルド、ボリス・ヴィアンといった作家の回顧録に描かれているような世界。そんな場に憧れがあったのです。

鹿児島が盛り上がっている？

出会いとつながり

　ちょうどその頃福岡でよく立ち寄っていたバー、ペトロール・ブルーでjudd.というタイトルのフリーペーパーを手にしました。judd（ジャッド）は鹿児島弁で「そうだね！」と同意するような時に使う方言です。英語で表記すると現代アーティストのドナルド・ジャッドのことも連想させました。店主から最近鹿児島のこの雑誌の周辺に面白い人が集まっていると聞かされます。地元の友人に聞いてみると、ランドスケープ・プロダクツの中原慎一郎君が鹿児島にショップを作っている。雑誌relaxの編集長だった岡本仁さんが鹿児島をテーマに本を作っているらしい。などなど気になる噂がどんどん聞こえてきました。

　東京で知り合っていた同じ鹿児島出身で年も同じ中原君に久しぶりに連絡を取ってみました。すると岡本さんの本が出て、そのリリースパーティをするので、DJしに来ないかという誘い。それまで文化的なことは何もないと思ってどちらかというと避けていた地元。そこで何か面白そうなことが起きているということに新鮮な驚きがありました。改めて興味を持って故郷に帰ってみようと思ったのです。

自分たちのフェスティバルを

2010年の1月。岡本さんの『ぼくの鹿児島案内。』のリリースパーティは、鹿児島市内の港に面した古い倉庫をリノベーションしたショップ〈DWELL〉で行われました。そこには僕だけでなく東京や福岡からたくさんの人が集まっていました。若いクラフトマンたち。陶芸家や木工作家、革職人、編集者、写真家、デザイナー、アーティスト、ショップオーナーから杜氏まで。みんな独立したばかりで、これから何かを立ち上げていこうという熱気がすごかった。以前からぼんやりと考えていた、多様なジャンルのクリエイターが集まる場はここで実現するんじゃないか。その場で「自分たちのフェスティバルを立ち上げよう！」と口走っていたのです。

　東京には自分の家があり仲間もいました。でもこの先の自分の居場所はどこかと考えた時、地元鹿児島にこんなコミュニティがあるなら、彼らみんなが集まれる場があったら面白くなりそうだ。そう直感的に感じたのです。地方で活動している人たちのステージを一緒に作ることでみんなの居場所が作れるんじゃないか。そこにはコミュニティに必要とされる自分の居場所もあるんじゃないか。

　その時思い描いていたビジョンはみんながフラットに同じ場に立ち、ジャンルを超えて交流するような文化祭のようなイベント。ただそれだけでした。いわゆる夏フェスのようなものを考えていたわけではなく、

心地よく音楽が流れる空間でものづくりに触れられるような場がイメージでした。誰かから頼まれたわけでもない。コンセプトも、もちろんタイトルも場所も内容も何もありません。ゼロからどうやったらそんな場が作れるのか。東京には20年近く暮らしていて鹿児島にはその間ほとんど帰ってきていませんでした。イベントをやるといっても運営業者もわからない。会場の見当もまったくつきませんでした。

誰からも頼まれていない仕事

それからは東京の仕事の合間をぬって短い鹿児島滞在を繰り返すようになります。人づてに聞いて面白そうな活動をしている人や場所を訪ねては話を聴いてまわるというようなことをしていました。自分のやりたいことを話そうにも鹿児島ではなんの実績もない。会った人との対話の中から企画を考えては協力を求めることをひとりで繰り返しました。20年ほど音楽活動をしてきたので全国にミュージシャンの知り合いはたくさんいた。鹿児島に気の合う若いクラフトマンたちがいることもわかってきました。彼らに集まってもらえればとりあえず成立するだろうと考えて始めてみたものの、それからが大変でした。そもそも開催する場所さえ見つからないのです。当時の僕はなんの実績も後ろ盾もなく、会社にも所属していないまったくのフリーランスでした。

森の学校との出会い

開放的な場所でやりたいと思っていたので、最初は鹿児島県内の公園やキャンプ場などを見に行っては問い合わせを繰り返しました。でも実績もない企画など理解してもらえない。ことごとく断られ続け、20年も地元にいなかったよそ者の話を聞いてくれる会場は見つからなかった。ところが、1か所だけ「面白そうだしいいんじゃないか?」のひとことで借りられそうな場所があったのです。当時管理をしていた地元の方もイメージがつかなかったのだと思います。他の場所はイメージができないからだめだった。逆にここはイメージできないことをちょっと面白がってくれる人がいて大丈夫だった。それが初回からグッドネイバーズ・ジャンボリー（GNJ）の会場となっている、南九州市川辺町にある廃校〈旧長谷小学校〉です。県都である鹿児島市から車で1時間ほど南に下ったところにあります。廃校後は〈かわなべ森の学校〉と呼ばれる多目的スペースとして運営されていました。もともとこの場所を紹介してくれたのは、DWELLを共同で運営していた中原慎一郎君と川畑健一郎君です。最終的になぜここを選んだのか、一番の決めてになったのはいくら音を出しても大丈夫な環境だったからでした。

野外イベントの問題

あちこち断られ続けたのは、得体のしれない人が大勢集まると何をされるかわからないという、単なるイメージの問題以前に、音の問題が大

きかったのです。大勢の人間が集まってイベントをやるとなるとさまざまなハードルを越えなければいけません。開催の日に周辺の地域の人たちからクレームになるのは、付近の渋滞やゴミの問題よりも音の問題によるものが多いと思います。街なかのお店でイベントをやっていても最初に警察に通報されるのは大体が音の問題。僕らの楽団は東京でも変わった場所ばかりでライブをしていて何度も警察に怒られた経験があったので、そこはすごく気を使いました。

　人の目にはまぶたがあって、見たくないものには目を閉じることができる。でも耳は閉じることができません。人間の耳は360度の情報をキャッチし、遠くから迫る危機を察知するレーダーです。だからこそ不快な音にはとても敏感。だれかにとって心地よい音楽も別のだれかにとっては耐え難いノイズになりうる。野外で音楽を演奏しようと思ったら、周囲の人家から少なくとも1〜2kmは離れていないと難しいと言われます。それでも大音量になれば振動が伝わってしまったり、風向きによって思いがけず遠くまで音が流れたりすることもあります。天気が悪くなると雲に反射して意外なところに音が届くことも起こります。野外で音を出すというのは国土が狭く、人口密度の高い日本では思っている以上に難しいのです。

　新しく始めるのであればそんな制約をクリアしつつ、できるだけ他のイベントが行われていないようなインパクトがあって新鮮な場所で開催したい。そんな面白そうな場所をオーガナイザーは常に探しています。新型コロナウイルス感染症のパンデミックが起きる直前の2019年には全国で300〜500ほどの野外フェスティバルが行われていたと言われています。把握できているだけで全国で約295万人が参加し、300億円に迫る売上がありました（ぴあ総研WEBサイト参照）。いわゆるエンターテインメント系のフェスティバルだけでなく、地域の神社仏閣を中心に行われる伝統的なお祭りとなると、推定ですが30万件もあったと言われています。僕らが会場を探していた2010年の時点でもかなりの数の野外のイベントが全国で行われています。地方であってもイベントが開催できる手つかずの場所というのを探すのは大変でした。ほんとうに人里離れた山奥にはそんな場所もあるかもしれません。しかし、音の問題だけをクリアしても電気、水道などが通っていて、交通が可能な道路などの基本的なインフラが整っているところでなければ開催はできません。

森の中にたたずむ廃校舎

　しかしここは受け入れてくれた。というのも、当時すでに廃校だったこの場所は周りに人家が一軒もないのです。普通、小学校というのは子どもがいるところに建てるものです。この学校は明治18年にここに開かれた時から、周囲の6つのちいさな集落のどこからでも通えるように中間地点に作った。当時から人家は学校の周りにはなかったようです。

　現在も建っている木造の校舎は戦前の昭和8年に作られています。高

度経済成長の最盛期には子どもも増え、敷地内に鉄筋の校舎も建てられました。しかし日本中の他の中山間地域と同様、人口減少の引き波は人知れずこういったところから始まり、昭和という時代の終わりと共に廃校になったのです。平成の間はしばらく地域の方中心に、外部から移り住んだ方たちが入れ替わりこの廃校を維持して公民館やイベント会場などとして使っていましたが、それも時が経ち、校舎の老朽化も進んであまり利用されなくなってきた。そんな頃に僕が出会ったのです。

　今から30年以上も前に廃校になってしまうくらいの地域なので公共交通はありません。一番近いバス停から徒歩だと60分ほどもかかります。たどり着くには車で行くしかありません。周りに人家もないので今も携帯の電波は入らない。野外で楽しめる場所を探していたとはいえ、さすがにイベントを開催するにはかなりのハードルです。人が住んでいる気配もないところなのでかなりの不安はありました。

　ただ、改めて見直してみると、戦前に建てられた木造の校舎は確かにボロいけれど、いまではなかなか見ることのできないなつかしさを感じさせます。名もない地域の大工さんが建てたかつてはどこにでもあって特別珍しくはない建築ですが、これは日本の近代教育の原型だとも言えます。野芝が青々とした緑のグラウンドには二宮金次郎のかわいらしい小さな銅像が立っています。校庭の真ん中にはシンボルツリーの大きなクスノキが立っていて、周囲は360度森に取り囲まれている。校庭の隅には湧き水が沢となって流れ天然のビオトープになっています。特に管理していないのに校庭にサワガニやエビやメダカが自生している。そんな環境です。何はともあれ受け入れてくれそうな場所はいまのところここしかない。たしかに環境は悪くないから、とにかくまずは小さくとも始めようと仲間を募ってこの学校に足を運ぶようになりました。

場が持つ意味

　鹿児島に暮らす友人からはずいぶん助言をもらいました。賛同だけではなく、あんな辺鄙な場所でイベントをやるのはリスクが高すぎるからやめたほうがいい、というものも多かった。市街地からは遠いし、自然豊かだとはいっても風光明媚で世界遺産になるようなものではない。しかし何度か足を運んでいると、しっかり残っている古い建物や敷地はお金がかかっているわけではないけど、地元の卒業生の方たちがずっと掃除をしたり草を刈ったりして手入れをしているのがわかってきました。それを見たときにこの場所はこの地域の人たちに愛され、大事にされているということを感じました。ただの空き地ではなくここで何かをやることに意味があると思った。経済的な価値ではない別軸の文化的な価値を作ることはこの場所だったらできるんじゃないかと思ったのです。

　利便性ばかりを重視して場所を決めると、インフラや交通などのロジスティクスを優先することになってしまいます。インフラやロジスティクスはあくまで手段であるべき。そうした課題は知恵を絞ればテクニカ

ルに解決できます。しかし、コンテクストがない場所に意味をもたせる
のは簡単なことではありません。せっかくゼロから自分たちのフェス
ティバルを立ち上げるのであれば場に力があり、そこでやるべきストー
リーのある場所で開催したほうがいいという感覚はありました。

　アメリカの話ですが、1999年に米空軍基地の跡地で行われたウッドス
トック・フェスティバルが、オーディエンスの暴動を招いて大問題になっ
たという事件がありました（これはNetflixのドキュメンタリーにもなっていま
す）。人は場所に合わせてそれらしく振る舞います。大きな議会や、式
典、冠婚葬祭のような場では自然と堅苦しくなるし、広々とした公園や
海辺ではリラックスして開放的になります。ほこりひとつ落ちていない
ホワイトキューブのようなギャラリーにごみを撒き散らして帰るという
人はなかなかいない。逆に同じ人でもごみだらけの場所では平気でごみ
を投げ捨てて立ち去るかもしれない。ウッドストックの例では、会場と
なった元軍の基地は、数万人を集めるインフラなどの条件は整っていた
かもしれません。しかし最終的には武力を感じさせる殺伐とした場所が
暴力を誘発したという側面は否定できないと思います。ロジスティクス
を先行させ、経済的な効率だけを追いかけて場の意味を無視したフェス
ティバルは僕らがやる意味はないという感覚は持っていました。

　それからすると、ここはもともと学校です。子どもたちがそこで駆け
回っている風景に違和感がありません。子どもがたくさんいて楽しんで
いる場では大人も恥ずかしい行動はとらないものです。フェスティバル
が伝えたい方向性や目的を、言葉で伝えなくても場所の持つ力で体感す
ることができる。コンセプトにもとづいて集まる理由が誰の目にも明ら
かな場所を探す。場所の力に影響を受けて、参加する人たちが没入でき
る環境を作る。これは会場内をどう作り込むか以前に、そもそもの会場
選定をする上で重要な観点です。GNJの中に学びのコンテンツがたくさ
ん生まれているのは、この会場を選んだところから自然と立ち上がって
きたものです。森の学校という場所が受け入れてくれたことで、企画の
方向性も見えてきたのです。僕は県都である鹿児島市内の生まれ育ち
で、この地域には親戚もいないので一度も足を運んだこともありません
でした。これが川辺という町との初めての出会いでした。

文化の地産地消

故郷への想い

　会場も決まったので、次は内容を考える段階でした。僕は音楽畑出身でもあるので、コンテンツのひとつとして音楽はもちろん考えていました。音楽は場の一体感を作る上では欠かせないコンテンツです。でも、最初からそれだけではなく、ジャンルを超えてたくさんのコンテンツが集まるイベントにしたいと考えていました。世代や地域、プロフェッショナルもアマチュアも関係なく面白いアイデアを持った人たちが、垣根なく楽しめる場を作ること。そこにみんなの居場所を作りたい。まずは居場所。そしてそんな場は地方にこそ必要だと考えていました。なぜかというと、自分が生まれ育った地方＝鹿児島に対して、感じていたことがいくつかあったからです。

　ひとつは本物にふれる体験の格差。僕が鹿児島で暮らしていた頃はまだインターネットもありませんでしたから、とにかく情報に飢えていました。今は情報は手のひらの上でいくらでも手に入ります。モノもワンクリックで翌日には届く時代。だけど、アーティストの本物のパフォーマンスやバーチャルではないものづくり体験というものは今でも地方には少ない。僕もそうでしたがこういった体験を求めている人にとっては、悲しいかな地方には居場所を見つけづらいのです。

　もうひとつは地方の自己肯定感の低さ。中央集権化が進んでしまったことで「自分の地域には何もない」とつい口にしてしまう自己肯定感の低さをなんとかしたほうがいいと思っていました。このマインドセットは鹿児島に限らず、まだまだ地方には残っています。何もないというのは都会や他の地方にあるものがないという意味で使われることがほとんどです。たしかに地方に超高層ビルはないかもしれません。でも例えば鹿児島であれば桜島という世界中どこにもないシンボルがある。

　WHOの統計によると、地球上の人類の半分以上が都市部に住むようになったのはほんの最近で、2008年のことだそうです。国が中央集権構造なのは日本に限ったことではない。自分が生まれ育った地域にコンプレックスがあれば、チャンスさえあればすぐに出ていってしまうでしょう。ですが、人口流出がどうだとか言う前に、自分が生まれ育った地域を否定するということは、自分を否定することでもあります。そんな思いで暮らしていて元気になるんだろうか。自分が生まれる地域は選べません。暮らしも簡単には変えられない。であれば自分の地域への考え方を変えるしかありません。自分の地域をもう一度ポジティブに捉え直し、選び直す。地元への意識を変えることができたら暮らしはそれだけで楽しくなるのではないでしょうか。

地域の人柄

　どの地域にもそこにしかないものは見つかります。それを磨いて大切に思ってプライドを持ち、違う地域同士でも認め合えればそれだけで十分楽しく暮らしていけます。地方の文化をそこに暮らす人々が生み出し（＝地産）、認め合う（＝地消）ことができれば、東京や大都市に本当はいわれのない引け目を持つこともない。東京もいちローカルとして対等になる。くもりのない目で物事を正しく評価して、外に向けて発信する前に地域の内側に向けて発信する。地域にいる人が自信を持って認めるようになればそれは自ずと外にも伝わっていきます。そしていまや誰でもいつでも発信ができ、エリアを超えて共有できる。

　その土地の文化とはひとことでいうとある集団が持つその地ならではの様式。地域社会の中で共有される考え方とか価値基準のことです。日常の暮らしと歴史から生まれた生活文化に根ざした感覚が基本にあります。ですが今僕らが地域固有のものだと思っているものも、その元をたどると外から来たものだったということは多々ある。必ずしもそこで発生したものばかりではなく、海外も含めた他の土地から流れてきて、その土地の人々が受容し根付いたというものもあるはずです。

　しかし、外から流れてきてもその地域に根付くものとそうでないものがあります。そこで地域によって大きく違った個性が生まれる。外から取り入れたのちに、いつの間にか独自の文化になっているものも往々にしてあります。ガラパゴス化は悪いばかりでないどころか、むしろその独自の進化を面白がったほうがいい場合もあります。その地域固有の文化というのは、土地固有のものや風土に加えて、外からもたらされたものをその地域の人がどう受け止め、自分たちのものとして取り込んだか。受容の仕方のことだとも言えそうです。人が介在しなければ文化とは呼びません。結局のところ地域の文化というのは、その地域の人々のあり方＝人柄と言えるのかもしれません。多様な人々の出会いの中から生み出されるものをみんなで尊重し合って、地域やジャンルを超えて交流することが新しい文化を生むことになる。

to do ではなく to be

　何をするかという（to do）ではなくて、どうあるか（to be）。その土地の人々ならではのあり方や姿勢の問題。それをどう肯定するか。それが"文化の地産地消"というキーワードで言いたかったことです。いま、ここにしかありえないもの。足元にあって見落としてしまいがちなものに光を当て大事にすること。そのためには自分たちの足元の文化を外のものと比較して、フラットに評価できる軸を持つことが必要です。そんな世界を作るには、グローバルに活躍している人たちと地元地域でローカルに活動している人たちが同じステージで交流し合うような場＝土壌があるといいんじゃないだろうか。そこに種を蒔けば、どんどん新しいプロジェクトが生まれて育っていく。そういう人たちが活躍できる場を作

ることができれば、自分が軸足を置こうとしている地域がもっと楽しくなるはず。その中で自分も新しいプロジェクトを作っていけば、そこに新しい文化が芽吹く。もともとカルチャーという言葉の語源はラテン語の colere（耕す）という意味です。それを育てるには継続することが必要です。一度きりの瞬間最大風速よりも風が流れ続ける関係性を保つこと。だからGNJを立ち上げる時、最初の目標はとにかく継続することでした。人が生きているのと同じで続くことそれ自体に意味がある。少なくとも10年は続くような構造にしておく必要があると考えていました。

プレイス / プラン / タイムライン

　ストーリーのある空間があって、そこに企画＝プランとそれをどのタイミングで行うかという時間軸＝タイムラインを揃える。そうすると意味のある場＝プレイスが自然と立ち現れて人が集まってきます。その場の源は、往々にして誰かの強いビジョンから始まっていきます。属人的で再現性のない唯一無二のものであるからこそ価値が生まれる。この場でしかできないこと、僕らにしかできないということから他にない意味が生まれていくはず。そんな場づくりはビジネスとしてではなくコミュニティで支えるやり方でなければ難しいと考えるようにもなりました。

手段のために目的を選ばない

　その場というのは別にフェスティバルじゃなくてもいい。僕らがフェスティバルという形をとったのはたまたまにすぎません。とにかく走り出して、その先にある目的はやりながらどんどん変わっていけばいいと考えていました。いますぐ始めようとしたらイベントは身軽で参入障壁が低く、すぐにスタートできるメディアです。しかしあくまでメディアなので、それは目的ではなく手段でしかない。その先に実現したいことがあるはずです。しかもその目的は、どんどん変わって変化や進化する柔軟性があっていいと思います。目的のために手段を選ばないのではなく、手段のために目的を選ばない。いろんな人がいろんな目的を持ってこの場をうまく使い、みんながそこに居場所を見出してくれたらいい。フェスティバルがみんなのアイデアを支えるプラットフォームになる。それがこのフェスティバルを始めたときの根本にあり、今も変わらないあり方です。

　そんなことを、東京と鹿児島を行き来して、またあちこち旅をして会う人会う人に伝えながら、その人の話に耳を傾ける。その対話の中からコンテンツを企画して小さなプロジェクトを立ち上げていきました。その集合体がフェスティバルとして森の中に現れる。そんな入れ子構造がGNJの基本になっていきます。毎年その場に集まる人たちに応じて全体を設計し、コンテンツを改善し続けるというプロセスの積み重ね。細部にこだわりながら、一方では全体を俯瞰する。細かいところではひとつひとつの小さなプロジェクトのイニシアティブをとるメンバーの背中を

押して手放す余白や遊びを持つ。一見矛盾するあり方ですが、そうして始まり続いてきたのが「みんなでつくる森の文化祭」なのです。

移動祝祭日とは

　フェスティバルの形でGNJというプロジェクトを始めようと思った時に最初に考えたことがあります。フェスとは現代の祝祭です。一方的にエンターテインメントを提供されるコンサートやテーマパークとは似て非なるもの。同時多発的にあちこちで音楽だけじゃない楽しみ方ができるものであって、主催者であっても全部を体験することはできません。だからこそ自分だけの体験を作る自由があるのがフェスティバルなのです。音楽主体のフェスティバルであっても遠くに聴こえる音楽を聴きながら寝転がっていたっていい。その場自体を楽しむ。そんな姿勢でこの場に足を運んでほしい。何かを選ぶということはもう一つの何かを手放すということでもあります。すべてを抱え込もうとするのではなく手放す自由を感じてほしい。そうして自分が参加したフェスティバルの体験はその人だけのものになっていきます。

　子どもの頃に待ちきれないほど楽しみにして駆けつけたお祭りは、お祭りが持つ高揚感自体が楽しくて行くものでした。子どもは有名人が来るからどうこうなんて考えません。みんなが参加する盆踊りや太鼓は大事ではあるけれど一要素にすぎない。その場の雰囲気や出会う人、おいしい食などがあってそれを共有することそのものに意味がある。それが本質です。現代のお祭りであるフェスティバルも表現が違うだけで基本は同じ。そして僕らのフェスティバルは外部の環境や社会の変化によって季節だって移動するし、ステージだって内容だってどんどん変わる自由がある。他にもっと大きなフェスティバルはいくらでもあります。しかしGNJはこの集まりを大切に思ってくれる人たちに支えられ、ループしていきます。毎年同じ場所に集まってきますが、決して去年と同じではない。拡大はしないが深化はしている。こうしてGNJは年に1度の集まりを継続しています。

10のキーワードで読み解くGNJとは

10 Keywords of What's GNJ

会場構成　Venue Layout　01

野芝に覆われた校庭と、昭和8年建造の木造講堂、
推定樹齢100年におよぶ楠の木。
あるものを最大限に活かす会場構成。

坂口順一郎
Junichiro Sakaguchi

田尾友輔
Yusuke Tao

ゾーニング

ジャンボリーの会場構成は、既存の施設との関係性
を重視してプランニングしている。一番近い人家か
ら約2kmほど離れた会場は、一度来場すると会場外
に出入りすることはほとんどない。そのため1日過ご
しても飽きないように時間帯によって照明などで演
出を変え様々な居場所を作るように意識している。
森の入口でバスを降り、遠くから聞こえる音楽を感
じながら森の中を歩いてエントランス（校門）へ。途
中でチケットをもぎり、校舎に着いた時にようやく
全体が見えるという高揚感をもたらす構成は、森の
中の学校という立地ならではのもの。一旦会場に入っ
てしまえば全体が見渡せ回遊でき、子どもたちにとっ
ても安心安全な状態を作りだしている。会場内は木
造講堂や鉄筋校舎、フードブースのテント群や食堂
棟といった建物に加え、隣接する森も散策できるよ
うに開拓。ベンチや木陰などたくさんの居場所は意
識的に作り、小さな学校の敷地中を整頓させすぎず
あえて都市の路地のようなごちゃごちゃ感と共存さ
せ、歩き回るだけでも楽しめるように配慮している。
基本的なレイアウトは変わらないが、シンボルツリー
を中心にゾーニングは毎年自由に変わる。決まりきっ

た形はなく、年ごとに見え方や歩き方が変わるよう
にしてステージや各ブースを設定する。現場での試
行錯誤が多く、直前の設営現場でどんどん変わって
いくことも多いが、基本には場のコンテクストを活
かすという考え方があり、毎年のコンテンツに合わ
せていまここにあるものを使ってどう盛り上げるか
を検討し、実行委員の議論の中で構成を作る。そん
な中で、元学校らしく掲揚台があるのを活かして、
GNJのオリジナルの旗を作り、廃校前に使われてい
たこの小学校の旗と一緒に掲げてフェスティバルの
一日を始め、終わる時に下ろすというセレモニーも
するようになった。
過去13回の開催ではステージの位置も毎回移動して
いる。校庭の真ん中にセンターステージを作ってオー
ディエンスがステージを取り囲み、ステージの後ろ
まで見えるようにした年もあった。

日が落ちると森は表情を変える。夜の会場の様子もイメージしつつ毎年の構成が決まっていく。

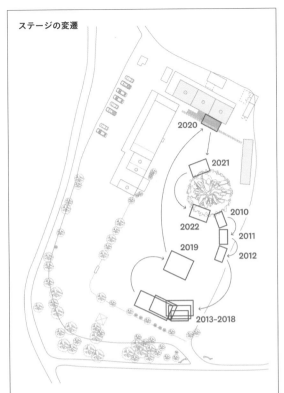

ステージの変遷

2020
2021
2022
2019
2010
2011
2012
2013-2018

ステージ変遷の様子。2010〜2018年は年々ステージが大きくなり、校庭の広いスペースに多くの人が入れる構成になっている。2020年からは校舎側にステージを移した。

ステージと装飾

ステージのテント自体もレンタルのものをやめて、全て竹製の手作りにトライした年もある。ステージの高さも動員人数や位置によってその都度話し合い決める。通常ステージは遠くからでも演者がしっかり見えたほうがいいのである程度の高さをつけるのだが、GNJではできるだけ演者を身近に感じてほしいので、高くなりすぎないようにしている。当初は80cm程度の高さだったものを、40cmくらいの高さに設定したことも。天候によっては前日に屋根を取り払うという演出をした年もあり、ステージ作り自体現場で作り上げていくライブ感を大事にしている。フロアからステージ上の演者の表情がしっかり伝わる距離は約25m。ステージ上に誰が立っているかまで識別できる距離は約70mともいわれている。セオリー通りの部分は少ないが、校庭の端に立てられるステージと校舎やツリーハウスとの距離感については、一体感を損ねないようこうしたデータも念頭に組み立てている。これらの工夫が功を奏して、フロアのオーディエンスが手をつなぎ輪になって踊りだしたことも1度や2度ではなくあった。

装飾も毎年の出演者やコンテンツによって自由に構成してアーティストとコラボレーションしたインスタレーションになっていった。協賛社の懸垂幕を使って事前にワークショップでペナントを作りステージを飾ったり、何ヶ月もかけて古着を集め、奄美の泥染めをしてから裂いた巨大な裂き織りの作品をアーティストと一緒に制作したこともある。10m以上もある竹を切ってきて、センターステージの四隅にタワーのように建て、ステージ自体を巨大な生け花のような状態にしたことも。こうして、同じ場所が見せる違う顔を毎年演出している。

02 ツリーハウス
Tree House

GNJ の象徴、イベント期間中だけの
ツリーハウスと森のデッキ。

高橋素晴
Subaru Takahashi

DIYでできることを追求してきたGNJのシンボルでもあるツリーハウスは、常設ではなく1日だけのもの。大人も子どもも自由にシンボルツリーに登り、樹上からの風景を楽しめるようになったらという想いから生まれた。初期にはできるだけリアルな木登りのスリルを体験するというコンセプトで作られていたため、樹上は手すりもないデッキのみだった。その後毎年テーマを決めて作っては壊し、作りなおしていくなかで、ブランコや滑り台ができたりボルダリングの壁とドッキングして木に登れるようになったり。毎年少しずつアップデートし、ツリーハウスにもう一つのステージも作るようになった。年によってはDJブースを樹上の空中に作ったり、バーカウンターを作って大人が樹上でお酒を楽しむこと

ができるようになったり、非日常の中に日常を持ち込みどんどん進化している。
ツリーハウスは、多い時は大人と子ども合わせて30人近い大所帯のボランティアが1週間くらい前から泊まり込んで共同生活をしながら制作していた。毎年の作業は大変な負荷のかかるものだが、それだけに他にはない自由なGNJならではの風景を生み出している。樹上から全体を眺めるという体験と視点の移動はGNJに欠かせない要素となった。人気がありすぎて子どもが殺到してしまうので、毎年入場制限が必要なほど。著名なアーティストがパフォーマンスしている姿を、ツリーハウスのステージの木の上から子どもたちが遊びながら見おろしている雰囲気はGNJならでは。

2016年のツリーハウス。ツリーハウスの周りは程よい日かげができ、参加者の休憩所の役割も果たす。

シンボルツリーの大楠は高さ約25m、幹の太さは大人が5人手をつないでやっと1周するぐらい。

空間の方向性を決め、会場の一体感を生み出す音楽へのこだわり。
ゲストも含め、参加者全員が一緒になって互いに互いを
巻き込んでいくことで生まれる盛り上がりを大切にしている。

03

ステージと音楽　Stage & Music

鳩貝建二
Kenji Hatogai

小寺史郎
Shiro Kodera

誰もが同じステージに

GNJでは、アーティストがパフォーマンスを繰り広げるステージには、メインステージとツリーハウスに作られるサブステージやDJブースがあり、GNJならではの個性的なアーティストがパフォーマンスを披露してきた。初期から変わらない構成は、メインステージのライブゲストは基本1組に留めること、プロのアーティストと地元で活動する個性的なバンドやパフォーマーが同じステージに上がること。これにはイベント継続のための低リスクな予算組みという意味合いもあるが、それよりも地域の人々が地域で生み出されるカルチャーを評価して支える「文化の

地産地消」という、このフェスティバルの根底にある考え方が一貫して踏襲されている。

招聘するゲストは前後の日程を極力空けてもらい、実行委員が鹿児島をアテンドして地域の人たちとできるだけ多くのつながりを得て帰ってもらうよう心がけている。単に出演するだけでなく、ゲスト・アーティストが地域で活動している人たちと交流することで、鹿児島という地域に外からの視点で関わってもらうことが目的。

メインのゲスト・アーティスト頼みでイベントの集客が左右されるような構造ではなく、近隣の障がい者支援施設、しょうぶ学園の楽団 "otto&orabu" など

（左）シンボルツリーの下に設置されたツリーステージは、サブステージとして利用される年もあった。（右）会場内には常に音楽が流れている。全体のムードに合わせたDJたちは時に場を盛り上げ、時にリラックスさせてくれる。

のように、もともとの知名度は低くても個性的な地元の活動をゲストに紹介したり、本祭のゲストに前夜祭で地元バンドと急遽セッションしてもらったり、その年に参加してくれるアーティストとも一緒にその場に巻き込んでいく姿勢を参加者みんなで共有。出演しているアーティストのことを知らずに来場して未知の音楽に出会ったというような体験を意図的に心がけている。"otto&orabu" は初回から毎年登場し、いまやハウスバンド的存在としてゲスト・アーティストを食ってしまうほどの盛り上がりを見せる。そうした風景もGNJならでは。

タイムテーブルと会場音楽の工夫

時間と空間のデザインを意識して、タイムテーブルは開場時のゆったりした雰囲気から、日没にかけて盛り上がるように構成している。そしてライブパフォーマンスの合間に会場を満たす音楽を選曲するDJもまた重要な役割を演じている。昼間の参加者はアットホームな雰囲気の中ごろごろしたり、ワークショップに参加したり、食事をしたりして過ごしているので、その雰囲気に合わせて。日が暮れ始めてからはアルコールもすすみ、毎年熱狂のステージを繰り広げる "otto&orabu" やゲスト・アーティストの

ステージを頂点にダンサブルなボディミュージックで盛り上がる。他にも天候や前後のパフォーマンスに呼応して臨機応変に音の風景を作るDJを実行委員側で選んでいる。特にレジデントDJとして毎回参加している川辺ヒロシは、タイムテーブルの後半に登場しその年のゲストや進行に合わせて最後の盛り上がりを作り、毎年参加者を熱狂させイベントにメリハリをつけている。

この先の場づくりを見据えて

初回から数年経った頃からは、音響や照明などステージを支える裏方のエンジニアも世代交代を意識して発注するようになった。地方は野外のクリエイティブな現場が頻繁にあるわけではないので、次の時代を作る、若く経験の浅いエンジニアにも多様な現場を経験してもらえるように、通常ではなかなか出会えないステージ作りのチャンスを作ることを心がけている。

そうした若いエンジニアたちのアイデアも盛り込んで、現場ではシンボルツリーや周りの森をライトアップして昼間とは全く違うイメージを作るなど、ステージでのパフォーマンスを中心に一日中いても飽きないような場づくり、演出をしている。

ワークショップ　Workshop

フェスティバル自体を自分たちの手で作りたい。
ワークショップのプログラムは進化していく。

04

飯伏正一郎
Shoichiro Ibushi

バターナイフ作り

最初のものづくりのワークショップは、ランドスケープ・プロダクツとその周辺のメンバーが行っていた"バターナイフを作る"というもの。木を削りだしてバターナイフを作り、その場でパンにバターを塗って食べるところまでを体験する。ただモノを作るだけではなく口に入るものを作ることで、素材がどういう作業を通じてモノになり、自分の暮らしを豊かにするのかというプロセスごと楽しく体験する。何かを作ってただそのモノを持って帰るというだけではなく、そのモノによって新しくなる自分の暮らしの風景を持ち帰る。このシンプルな姿勢はその後のGNJのプログラム全体に影響を与えることになった。

クラフトマンと協賛の橋渡し

GNJのテーマである「文化の地産地消」。地元で制作するクラフトマンの仕事を尊重し、地域の人たちが彼らから学ぶ。これを実現するために実行委員は企画をいちから考える。毎年違った切り口でアイデア

を出し合い、ワークショップのコンテンツも進化してきた。初期の頃のプログラムは、クラフトマンが自分たちが日頃制作しているモノや技法をアレンジして初心者向けに提供するというものが多かった。参加者やクラフトマンにリピーターが増え、毎年参加する人が新たに加わるにつれ、次第にワークショップのプログラムが提供する空間も内容も変わっていった。そして開催を重ねるごとに全てのワークショップがプロセスごとお客さんを巻き込むという形になっていった。

イベントに協賛が集まるようになってくると、協賛社に対しても単なるサンプリングやプロモーションにならないように、実行委員会側でディレクションをしてコンテンツ化していくようになった。ナショナルクライアントの持っているコンテンツと地元のクラフトマンをつないでその日その場でのものづくりをする"グッドネイバーズ・ジョイント"というプログラムもこうした考え方から発展したものだ。

オーガニックコットンでオフィシャルのTシャツを

制作するアパレルブランドに、白地に同じ白のラバープリントを施したTシャツを特別に制作してもらい、それを地元の染色家と一緒に、奄美の泥染めや会場内の植物を使った草木染めの技法で染めるワークショップはその代表的なもので、毎年リピーターが生まれるほどの人気を博した。

自由なワークショップを
そもそもワークショップって何だろう？　ファクトリーとワークショップは同じものづくりでもプロセスは全く違う。いかに無駄なく完成させるかがファクトリー的なものだとすると、目的を明確に定めず完成形がどうなるかはプロセスの中で変わっていくのが後者だと言えるだろう。目的のために手段を選ばないのではなく、手段がまずあって目的はどんどん変わっていってもいい。どちらが正しいかを問うのはナンセンスだけれど、このあり方のほうが自由でいい、という選択をし続けた結果が今のジャンボリーの形を作っている。

2016年に開催されたレザーのタッセル作り。レザーの端材を使ったワークショップは開催されるたびに人気を博す。ピーク時には30以上のワークショップが開催された。

2014年に開催された、奄美大島の伝統的な泥染めのワークショップ。人気のプログラムは早々に参加枠が埋まってしまうこともあった。

体験プログラム Program

GNJ だから実現したジャンル分けできない参加型のプログラムが、
人々をつなげる大きな役割を果たしている。

05

安藤アンディ
Andy Undo

上山紘子
Hiroko Ueyama

プログラムが作り出す影響

GNJで様々に企画される参加型のプログラムは、音楽やものづくりを一方的に体験することから派生して、実際にその場でステージに上がって発表するようなものから、身体表現やスポーツ、ハプニング的なものなど多岐にわたっている。来場者が直接コンテンツを作るという意味でもこのフェスティバルのD.I.Y.精神をわかりやすく伝えており、また知らない者同士がコミュニケーションするきっかけになるため、会場のなごやかな空気を作る大きな要素となっている。

キャメラバトン

なかでも代表的なのが"キャメラバトン"だ。写真を使って来場者を巻き込むプログラムで、会場内にいる人々にレンズ付きフィルムを回し、来場者が自分で撮った写真でコンテンツを作る。カメラに設定されたテーマにもとづいて1回シャッターを切ったら「自分の知り合いじゃない人」に趣旨を説明してバトンする。撮影のリレーを続け最終的に集まった写真で翌年のGNJの前にギャラリーで写真展を開催。主催者側の目線ではない写真がたくさん集まることになり、毎年フレッシュな視点によるGNJのもうひとつの姿が浮かび上がる。そして翌年の写真展はプレイベントとして開催までの盛り上がりを作る。このプログラムも年々アップデートし、フィルムカメラだけでなくその場で現像できるインスタントカメラを使ったり、GNJオリジナルの切手を作って会場から写真の手紙を送れるようにした年もあった。

音楽をフラットに楽しむ

来場者自身が音楽を演奏するものも多い。30分ほどみんなで練習した後、会場内をパレードする"グッドネイバーズ・マーチング・バンド"は、たくさんのフードやワークショップの出店ブースで、提供側にまわってステージを見に行けない裏方のスタッフたちのところに「音楽から会いに行く」というコンセプトで始まった。こちらも回を重ねるごとに、プロのミュージシャンから全くの初心者、楽器を習い始めたばかりの子どもまでがその日その場で一緒に演奏しパレードすることでみんなが主役になり、パフォーマンスする側と受け手の境界をなくすことに一役買っている。ファシリテーターの元で即興でリズムを作る"ドラムサークル"など他にも音楽のワークショップは多数あり、これもすべての人たちをフラットに巻き込む考え方が表れたものだ。

大人も子どもも参加できることを

子どもたちが参加できるものも大切なコンテンツだ。子どもたちに場内のアナウンスをしてもらう"こどもアナウンサー"は一種の職業体験的なプログラム。プロのアナウンサーから原稿の読み方を学ぶレ

参加者が集まって演奏しながら会場を練り歩く"グッドネイバーズ・マーチング・バンド"。

キャメラバトンの作品。老若男女様々な参加者が撮影することで、偶然性の強い作品が見られるのも面白い。

子どもアナウンサーによる場内アナウンス。プロに原稿の読み方を教えてもらえる貴重な機会に子どもたちも張り切って参加。

クチャーの後、フェスティバルの中で実行委員が来場者に伝えたい内容を実際に子どもたちから伝えてもらう。小さな子どものアナウンスが終わると毎回拍手が起きる。こちらも「みんなで作る」というコンセプトを体現するプログラム。

こうして、もはやどうジャンルやカテゴリー分けをしたらいいかわからないようなプログラムがどんどん生まれている。これらのプログラムは直接フェスティバルの集客につながるものではないが、最も

GNJらしいコンテンツとして毎年の来場者や子どもたちが楽しみにしている。また、来場者をその場で巻き込むことで、長い時間を場内で過ごすオーディエンスを飽きさせないだけでなく、場に主体的に関わったほうがより楽しいというGNJのあり方を伝えることにもなり、誰もが貢献者になるという体験を通じて、その日に愛着を持ち、場の一体感を生み出すことにもつながっている。

06

カレッジ College

岡本 仁
Hitoshi Okamoto

「つくる力をつくる」を初期から一貫したテーマに、
体験も交えて新しいものの見方を作る学びのプログラム。

廃校を会場にしていることもあってGNJは初回から学びのコンテンツが充実していた。シブヤ大学の鹿児島の姉妹校サクラ島大学とコラボレーションしていたのだ。そこから発展して独自のコンテンツ"グッドネイバーズ・カレッジ"の特別授業という形で2012年の3回目のGNJから、フェスティバルの中で展開するようになった。これはそもそも、ランドスケープ・プロダクツの中原慎一郎の提案で、岡本仁が校長、坂口修一郎が教頭という体で不定期に始まっていた私塾のパロディが発端である。ものづくりが充実しているGNJの中で、形のないものを作る力を作る。鹿児島の文系のカルチャーはもっと勢いづいてもいいはずだと感じていた岡本が、ただ集まって好きなものについて話す、そういう場があったらいいなと思っていたということもあり、毎年岡本学長自

らが1つ授業を持っている。とはいえ校長が全ての授業に口を出すわけではなく、シンボルのように存在する自由な学びの場である。他にも写真家、建築家、デザイナー、イラストレーター、クリエイティブ・ディレクター、文筆家、音楽家、俳優、落語家、などが毎年登場し刺激的なセッションを繰り広げている。カレッジという枠ができたことで、学ぶという軸であれば何でもフェスティバルの場に入れられるようになった。2016年に大分と熊本に大きな被害をもたらした熊本地震後の開催では、GNJのメンバーで行った支援活動の報告会になったこともある。会場が学校であるという本来の場所の機能を取り戻し、GNJを性格付ける人気コンテンツとなっている。

NY在住のライター・佐久間裕美子さんをゲストに招いて開催された2016年の「伝わることと伝わらないこと」。満員の講堂の中で繰り広げられたトークに参加者は聞き入っていた。

2年連続で続いた「レコードコンサート」の2020年は奈良美智さんを迎えて。70年代初頭に渋谷百軒店にあったロック喫茶〈ブラックホーク〉でかかっていた音楽をテーマに、野外ステージで熱いトークが繰り広げられた。

10周年となった2019年には小泉今日子さんが代表を務める株式会社明後日による朗読会「プレ詠む読む(Pre yomuyomu)」を開催。小泉さんご本人が登壇して安東みきえさんの著書『頭のうちどころが悪かった熊の話』を朗読した。

小西康陽さんとレコードトークを繰り広げた「レコードコンサート2021」。ふたりの深く広い音楽談義のあとは、なんと小西さんが、人前では初めてだという弾き語りの演奏を披露。大変貴重な機会となった。

minä perhonenの創始者でデザイナーである皆川明さんと岡本校長、様々な場所へ移動しながらクリエイションを続ける二人による「移動は創造力と想像力を刺激するか!?」は2018年に開催。

編集者がモデレーターとなり、様々なクリエーターの話を聞く形で開催された2014年。シンボルツリーの下に作られたステージで、モデルのKIKIさん、gm projectsの豊嶋秀樹さん、石田エリさんによるクロストーク。

地域内外からから個性的な出店があつまり、
フェスティバル後も独自のフードコミュニティを築く。

07

フード　Food

有村忠士
Tadashi Arimura

瀬川利紀
Toshinori Segawa

林　賢太
Kenta Hayashi

出店数の増え方

フード出店が10店舗くらいからスタートした初年度
は、すべての店舗を実行委員会がセレクトし、声か
けして集めていた。2〜3回目から出店したいと連絡
が来るようになり、基本的には例年来る者拒まずで
受け入れることでその数は年々増え、地域内外から
個性的なメニューの30店舗以上が軒を連ねるように
なった。

初期の頃はまだフェスティバル出店に慣れていない
店舗も多かった上に出店ルールもほとんどなかった
ため、値付けも統一感がなかった。ブレイカーが落
ちてフードの提供が止まってしまったり、ごみ捨て
に手間取ったり、毎年いろんな課題をクリアしなが
らの運営だった。しかし現場でのさまざまな問題は
出店者同士の話し合いで解決してしまうことも多
かった。それは、ビジネスとしてフードを提供する
だけではなく、このイベントの趣旨やテーマを共有

するため足を運んだことのない出店者はまず一度遊
びに来てフェスティバルの雰囲気やマナーを体感し
た上で翌年以降参加してもらうという姿勢を徹底し
たためでもあった。

売り上げとフードロス

最盛期の参加者約2,000人（出演者／出店者含む）のう
ち7割（1,400人）が2食を会場で食べるとすると2,800
食。30店舗のうち、フードのみは大体8割の24〜25
店舗。この店舗数で参加者の胃袋を満たすとなると、

1店舗で最低100〜120食を用意することになる。単価平均は800円ほど。ドリンクなど回転率がよく40万円ほど売り上げる店舗もあるが、平均すると10万円程度の売り上げ。昔ながらのお祭りに出店する露店に完売はないが、GNJに出店するのはこだわったメニューを出す店がほとんどなので、食数の見積もりを誤ると大きなロスが出る。そのため、フード担当の実行委員はチケットの売れ枚数や動員の見積もりについて出店者と細かくコミュニケーションをとりながら開催まで調整を続ける。事前に情報を細かく伝え、準備する食数をコントロールすることでイベント全体でのフードロスを減らすよう心がけてきた。

ルールではなく共有で

GNJには細かなルールがほとんどない。その分出店者たちが現場での様々な課題に臨機応変に対応してくれるようになった。次第に出店者同士の横のつながりが生まれて、お互いに手伝いあったり情報を共有したりするようにもなっていった。各出店者の負担になる搬入搬出をボランティアサポーターが手伝って、個別の出店もフェスティバル全体でサポートするような仕組みにしてストレスを軽減したことなどもその理由として挙げられる。

フードの提供だけでなく、ごみになるところまで提供前に考えてもらうようごみステーション担当チームが食器の素材や提供方法についての説明会を行い、当日も開場前にごみ出しのルールについてオリエンテーションを細かく開き、イベントの姿勢が出店者にしっかり伝わった状態で開場を迎えるなど、細かい調整を年々積み重ねてきたこともフェスティバルの方向性を作ってきた。

こうしてイベントの趣旨や方向性が共有されたことで、主催側から特に指定したわけではないが、オーガニックや無／減農薬など地元の食材を使って、個性的で健康的なメニューを提供してくれる出店者が自然と多くなっていく。ルールの強制ではなく「こうありたい」という姿勢の共有を心がけることで、フェスティバルの重要な要素である食が充実する循環を生み出し、地域に新しい食文化をもたらすことにもつながっている。

全国から多彩な飲食店が出店。大変な賑わいをみせる一方で、フードロスやごみ問題など毎年様々な問題と向き合ってきた。

ごみステーション　Trash Station

フェスティバルにつきもののごみ問題。
来場者みずからがその場で分別しリサイクルする
GNJ のシステムは地域の社会課題から生まれた。

08

久保雄太
Yuta Kubo

ごみの分別の負担

前夜祭も合わせると最盛期は来場者や出店者、ボランティア含めて約2,000人ほどが1～2日で会場を行き交い、そこで排出されるごみは1トンほどにもなる。動員人数が少なかった最初期のGNJではボランティアが手作業でごみの分別をして廃棄していた。会場である川辺町はごみを20分別して出すことになっておりイベントのほうでもそれに準じる必要があった。しかし、これほど大量のごみを捨てられた後から分別することはほぼ不可能。しかも地域のルールでは極力そのままリサイクル資源にできるよう洗って出すなどの手間があった。そもそもなぜ20にも分別が必要なのかを、自治体で仕組みを作った方々にインタビューすることから始めようということになった。

川辺町のごみ問題

川辺町で細かいごみの分別をするようになったのは、1990年代、不法投棄されたごみが出すダイオキシンが全国的に問題になった頃にさかのぼる。現在の南九州市に合併する前の川辺町は予算も限られており有害物質を出さない高性能な焼却施設の新設が難しかった。資源ごみとしてのリサイクル業者を入れる予算も厳しかったため、ごみを出す時点で細かく分別し、そのままリサイクルできるように洗って

から出すというルールを決めた。このルールによっては地域にはさまざまな副産物が生まれた。ひとつは地域のごみの量が40％ほど減ったこと。あまりにもごみ出しのルールが複雑なため、そもそもごみを出さなくなったり、ごみになりそうなものを買わなくなったりと行動が変化した。そしてもうひとつは孤独死が減ったこと。独居老人の多い地域ではあるが毎日のようにごみ集積所に隣人が集まるためそこでコミュニケーションが生まれ、体調がすぐれない人やごみ出しに来ない人に声がけするなどということで孤立する人が減ったという。

実はイベントの場合は有料の事業ごみとして出せば分別は必要なくなるのだが、こうしたストーリーを学び、郷に入っては郷に従えと参加者にもごみ出しのルールを地域の人たちと同じように体験してもらおうというのがGNJのごみステーションの始まりだ。ごみではなく資源。ごみ捨て場ではなく、リサイクルへふたたび送り出す場としてのステーションという考え方。

ごみの分別は "川辺方式"

当日はごみステーションのブースでボランティアにごみの分別方法を聞き、食べ物の残っている器は生ごみと分け、霧吹きで水をかけて端切れで拭き取り、リサイクルできるように分ける。ごみになる前に毎

ごみステーションの様子。食べ終わった
フードの容器は、各々で中身をきれいに
拭き取ってから分別して捨てる。

回この作業を行えば、真夏の開催であってもごみス
テーションがにおうことも少なく、フードブースの
近くにあっても気にならない。

顔の見えない誰かがしてくれるであろう後始末を
GNJではその場で出演者まで含めた参加者みんなが
している。ごみステーションで自ら分別をしてくれ
た参加者が実行委員やボランティアに対して感謝の
声をかけることも多い。ごみステーションはすべて
の参加者が必ず通るブースなので、GNJではステー
ジで繰り広げられるパフォーマンスと同等に扱って
きた。殺伐とした空気になりやすいフェスティバル

のごみ分別所としては珍しいが、GNJのコンセプト
がよく表れている光景でもある。

実際の分別は瓶の色に応じて仕分けたり、プラス
チックは「かたプラ（かたいプラスチック）」「やわプラ
（やわらかいプラスチック）」にまで分ける。フード出店
者にも事前に分別できないような食器や包材を使わ
ないように伝え、当日もごみの出し方のルールをリ
マインドするなどしてイベント全体でごみをまず減
らすことにも同時に取り組んでいる。毎年の積み重
ねもあって来場人数が増えても排出されるごみの量
はそれほど増えないという結果につながっている。

09 ボランティアサポーター
Volunteer Supporter

コミュニティを大きく広げる窓口になった、
ボランティアサポーターの存在とは。

末吉剛士
Koji Sueyoshi

小林史和
Fumikazu Kobayashi

回を重ね参加する人たちのコミュニティのつながり
が強くなるほど、内と外の境界線が鮮明になってき
て、外部の人が入りづらい雰囲気なのでは？と思い
始めていた。また来場者の年齢層も20代後半から40
代がメインで、10代〜20代という世代はほとんど来
ない時期が続き、継続性という観点から実行委員た
ちは課題を感じていた。そうしたことから、運営側
として手を動かす人をオープンに募集し、学生など
にも広く参加してもらうために2015年からボラン
ティアサポーターをプログラム化した。単にイベン
トをスムーズにするためのアルバイト代わりではな
く、参加者自身の興味を活かして当事者意識を持っ
てもらいながら、コミュニティの輪の中に入っていけ
るか。その点を考えてボランティアのプログラムを
設計していった。40人ほどのサポーターはチーム分
けして、そのチームがぐるぐるとひととおりいろいろ
な役割を担当するようにしている。
ボランティアサポーターにもGNJを楽しんでほしい
という思いが基本姿勢としてあるため、駐車場整理
などの業務は別途警備会社にお願いし、責任の所在

を明確にしてボランティアのタスクからははずし
た。それ以外に、やりたいことはなるべく叶えられ
るように、当日の半分程の時間は場内で行われてい
るプログラムに参加できるようにしている。

ボランティアサポーターの役割

ボランティアサポーターはフェスティバル開催の半
年ほど前から募集を開始し、顔合わせから活動内容
の説明会、オンライン上のコミュニティを作って情
報共有を重ねることや、実行委員との交流会なども
行った。数ヶ月前から準備するステージ装飾担当の
アーティストと一緒に作品制作に携わった年もあ
り、開催まで時間をかけて準備をした。サポーター
の中にダンサーが参加していた年はそのスキルを活
かしてサポーター全員でフラッシュモブを行ったこ
ともある。
こうしたプロセスを経ることで、当日は来場者に先
んじて、実行委員とサポーターが一体となって場の
雰囲気を作っており、フェスティバルのコントリ
ビューター（貢献者）として、来場者の振る舞いを身

入場ゲートの準備。ボランティアサポーターは毎年お揃いでGNJオリジナルデザインのエプロンを身につけている。一体感を高めるだけでなく、サポーターの所在が明らかになり場内の安心感にもつながる。

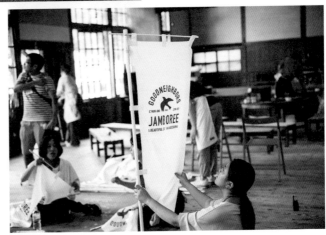

会場へと続く道を飾るフラッグやのぼりを準備するのもボランティアサポーターの仕事。前日から泊まり込みで準備を手伝うサポーターも多い。

をもって先導する役割を果たしている。イベントにつきものの事故や怪我、熱中症などの病気にも対応できるレクチャーもレスキュー隊のボランティアなどにより行ってもらい、サポーター自身も安心して来場者を迎えられるように配慮している。こうしたことは場内でルールや禁止事項を定めなくてもおだやかな場のマナーが守られる大きな要因のひとつとなっている。

毎年サポーターからフィードバックをもらってプログラムは改善している。本祭翌日の最終日は撤収に参加し、フード出店者から提供してもらった食材をみんなで料理して一緒に食べるなど、単なる運営ボランティアではなくプログラム全体がワークショップとなるようにしてきた。全ての作業が終わった最終日には車座になって振り返りの時間をもうけ、参

加してよかったことや、来場者目線、運営者目線の両面から改善点を洗い出して翌年のフェスティバル運営に反映している。

サポーターを通じつながる縁

地方ではなかなか体験できる機会が少ない、第一線で活躍する本物のアーティストの近くで運営に携われる。そういう機会を地方にいながらにして作るのもボランティアの目的である。ジャンボリー当日に限らず、こんなことをやろうと自発的に企画を立ち上げる人が現れたり、GNJに参加する人たちが各々の土地でプレイベントを自発的に行ったりと様々な縁ができた。そこで生まれたつながりから就職に至ったという学生も出てきてここを起点にコミュニティが大きく広がるプログラムとなっている。

2016 年に行われた前夜祭の目玉は、地面を掘り起こしてできた穴を利用して作った豚の丸焼き。

前夜祭 Eve of GNJ 10

前夜祭は本祭では実現できないプロジェクトを実験する場として、GNJ のあり方を示す重要なプログラム。

ゲストシェフとこだわりの食事

2019 年までの GNJ は前夜祭を行っていた。初期は前日の設営後の実行委員だけの食事会だったものが、次第に出演者や来場者が一緒に大きな食卓を囲むような形になっていく。そこから、丁寧に食事を出しておもてなしがしたい、大人数が集まる本祭では実現できないことをやろう、という方向性に発展していった。いつしか日本全国や海外からゲストシェフを招き毎年趣向を凝らした食と音楽をゆっくり楽しむ場になった。

ゲストシェフは鹿児島の豊かな食材を新しい視点で料理することと、森の中でしか実現できないことなどを地元のシェフと話し合いながらメニューを決める。校庭で映画上映を楽しみながらコース料理でロングダイニングを囲んだ回に始まり、街なかでは絶対に実現できない 130kg の豚の丸焼きにチャレンジした年や、12 時間以上かけて地中に埋めて低温調理で蒸し焼きにするハワイの伝統料理法を試したエンターテインメント性の高い年もあった。徳島県神山町のフードハブと一緒に取り組んだ年は、産食率（地域の食材のみでどこまでメニューを構成できるか）100％を目指すなど、毎年食の実験というべきコンテンツが繰り広げられていた。この取り組みを通じて地元のシェフの経験値も上がり、10 回目には会場にアウト

有村忠士
Tadashi Arimura

瀬川利紀
Toshinori Segawa

林 賢太
Kenta Hayashi

若松徹幹
Tekkan Wakamatsu

前夜祭には"ロングテーブル"と呼ばれる長いテーブルが出現。所狭しと並ぶフードを、参加者みんなで列になって取り分け、楽しむ。

ドアキッチンが完成。ゲストシェフを呼ばず地元若手シェフだけで鹿児島の料理をアップデートするようなメニューを構成するようになった。

フードとペアリングするドリンクも、オーガニックワインやクラフトビールはもちろんのこと、地元で作られたこだわりの焼酎がふるまわれる。ローカルにいながらにして酒と食の最新の潮流を感じられる場でもある。とはいえ仕事という感覚はなく。実行委員のメンバー自らがゆっくり楽しめる。祭りの前でみんな浮かれている感じが前夜祭のいい風景。

タイムテーブルを組んで多くのプログラムが進行していく本祭と違って、前夜祭ではコンテンツを食と音に絞るため、音楽を楽しむ時間もゆっくりとれる。前夜祭だけのゲストとして無国籍楽団ダブルフェイマスが登場したり、伝説の現代音楽家、ヤン富田による一夜限りのコンサートを開催した年もあった。その後の年には地元ミュージシャンが中心になって一日限りのバンドを結成して場を盛り上げるように。そのバンドに翌日のゲスト・アーティストが飛び入りでセッションをくり広げたり、フードやドリンク片手に本祭の出店者と交流する独立した場にもなった。そうしたこの場ならではの体験を求めて前夜祭の限定チケットは毎年すぐにソールドアウトするようになっていた。

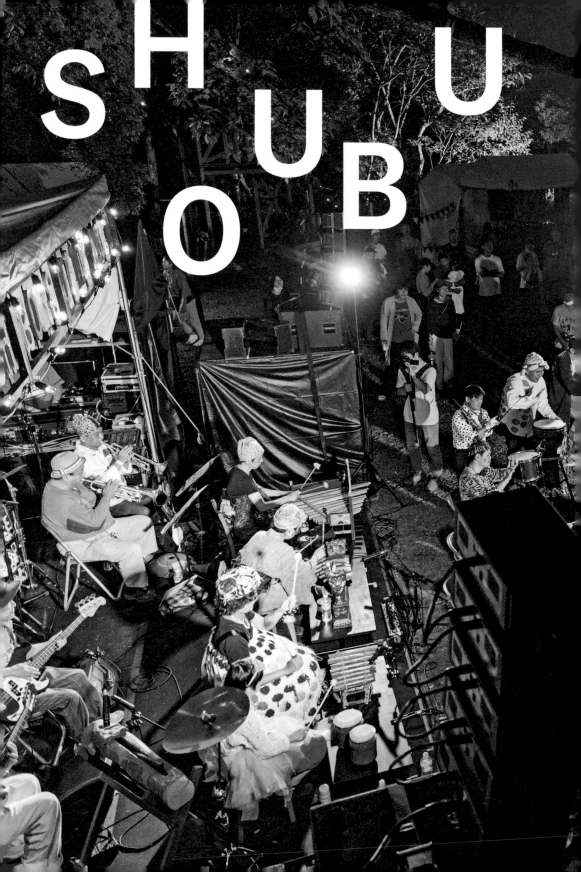

STYLE

しょうぶ学園

鹿児島の中心部から10キロ離れた吉野台地の一角にある知的障がい者支援施設「しょうぶ学園」。自然豊かな土地にはカフェ、ギャラリー、木・布・土・和紙・食の工房、野菜農園、蕎麦屋、パン工房などが点在している。

障害者支援センター〈SHOBU STYLE〉の仕事は、「ささえあうくらし——自立支援事業」「つくりだすくらし——文化創造事業」「つながりあうくらし——地域交流事業」の三本柱。

様々な表現の1つに、「otto & orabu」という音パーフォマンスグループがある。

GNJ第一回に出演後、話題騒然となったその魂の叫びともいえるパフォーマンスは、老若男女の身体を躍らせ、気持ちをあわだたせ、見るものは圧倒的なパワーをもらう。

GNJに欠かせない存在である「otto & orabu」が2回休んだ後、2022年GNJに復帰するというニュースに誰しもが興奮していた。

坂口修一郎はトランペットを持って練習現場を訪ね、一緒に音を楽しみ、施設長・福森伸と話す。

「otto & orabu と GNJ」についてもう1度。

しょうぶ学園

［対談］

**不幸の裏返しにある涙でも、ただ音楽をやろうという
シンプルな目的でもなく、彼らの存在を立証したかっただけ**

ジャンボリーの強烈な思い出は何ですか？　と尋ねると、「otto&orabu」だと答える人はとても多い。まだイベントのタイトルも決まっていない頃、坂口が訪ねたのが鹿児島市近郊にある知的障がい者支援施設「しょうぶ学園」。園内を見学させてもらったところ、カフェや工房、居住施設のある美しく広い敷地に驚いたそう。そして、そこで耳にした音楽が施設利用者と職員によるバンド、「otto&orabu」。その演奏の持つエネルギーに感動した坂口はすぐに企画書を書き、しょうぶ学園施設長の福森伸さんに会いに行く。そんな坂口の熱烈な依頼により、ジャンボリー第1回から出演している「otto&orabu」。コロナ禍には出演を控えていたが、2022年3年ぶりにステージに。その練習を始めた春、改めて「ジャンボリーとotto&orabu」について二人に話してもらった。

福森 伸
Shin Fukumori

×

坂口 修一郎
Shuichiro Sakaguchi

PROFILE

福森伸。しょうぶ学園総括施設長。1983年より「しょうぶ学園」に勤務。木材工芸デザインを独学し、「工房しょうぶ」を設立。"縫う"がテーマの「nui project」は、国内外で作品が高く評価されている。また、「otto&orabu」・家具プロジェクト・食空間コーディネートなど「衣食住＋コミュニケーション」をコンセプトに、工芸・芸術・音楽など、新しい「SHOBU STYLE」を確立。知的障がいをもつ人のさまざまな表現活動を通じて多岐にわたる社会とのコミュニケート活動を提案している。

しょうぶ学園
鹿児島県鹿児島市吉野町5066
電話：099-243-6639
https://shobu.jp/

坂口　僕が福森さんに、ジャンボリー第1回に「otto&orabu」に出演してもらいたいと依頼をしに来たのは、ちょうど今頃だと思うんです。桜が咲いていたのを覚えてる

福森　そうだったっけね。その前に1度見学に来てたんだよね

坂口　初めて見学に来た時に音楽を聴いて、これは誰の音楽ですか？　と尋ねたらDVDをいただいたんです。それを見て、これはすごいと大興奮してそのまま企画書を書いて、会いに来たんですよ

福森　13年前だよね。ちょうど福祉関係の音楽フェスとかライブへのオファーがかかり出した頃で、曲も10～15曲できて1時間くらいの演奏ができるようになったんだよ。本来ズレることがコンセプトのはずなのに、ちょっとメロディ優先になっていたんだけど、ちょうどその頃「ズレないと面白くないし、思い切ってズレていいんだ。揃えなきゃという感覚を忘れよう」ってことに、戻れた気がする。だから坂口くんからジャンボリーへの参加依頼はすごくタイミングが良かったんだ。僕は楽譜も読めないしコードも知らない。だから感覚的に音のことを考えられるのだけど、そうして音楽を知らずにできたバンドが「otto&orabu」。2001年にスタートして、ちょうど10年目くらいに声をかけていただいた。そこは成長の第二次スタートラインになったと思う

坂口　パーカッションのグループが「otto」で「orabu」は鹿児島弁で叫ぶという意味なんですよね。1回目の出演時にみんな度肝を抜かれて、それから瞬く間に評判が広がって「otto&orabu」目当ての人がどんどん増えていきましたね。あの初回の盛り上がりのすごさは、忘れられません。

福森　最後のメインゲストの前に出るんだよね。ここでメインを食うのが目標ですから（笑）

坂口　そう、圧倒されてメインの人が戦意喪失するという（笑）初回の時から盛り上がりがすごかったですよね。芝生に寝っ転がって見ていた人たちがどんどん立ち上がって踊り出した。あの光景は忘れられないです。スタンディングオベーションの中、たしかよしちゃん（メンバーのひとり）が「サンキュー」みたいなことを叫びましたよね

福森　観客に対して「みんな頑張ってください」って言ったんだよ。そして雨だった時にも「今日は天気に恵まれまして、たくさんの方にいらしていただきありがとうございます」と真面目に言ったりしてね

坂口　それを聞いてなぜかみんなが泣いた。励ます対象になりがちだと思うのですが、逆に彼らから励まされるんですよね

福森　1回目の時は、こちらは心配だったんだけど、めちゃくちゃ盛り上がった。イベントに出るとなると職員たちにはやっぱり道筋とゴールがあって、成功させないとって緊張もしている。けれど実際にステージに立つ彼らはその道筋を楽しんでるんだよ。終わってからも、うまくいかなかった部分を僕はもちろん分かっているけれど、それも含めて毎回OKだと思うからそれでいい。「最高だった」って。でも自己満足だけに終わって、観客の人たちは置き去りになるというのは僕のプロデュースにはないわけ。人に聴かせるんだったら、何かを与える力を持っていないといけない。お金を払って来てくれてるわけだから、何かしらプライズがないと

坂口　そうですね。いわゆる社会的には健常者と言われている職員さんたちと施設利用者たちがコラボレーションしているから、リズムもあって、見ている側も入っていけるんですよね。そのちゃんとコラボレーションしている感じが良いんです。すごくポップなんですよね。こうして関わるようになって練習を見に行くと、福森さんの音楽の作り方がダンスミュージックというか、DJが音楽を作る時みたいな感じで。一つ面白いフレーズを持ってきて、それを何回も繰り返して、じゃあ次はそこにリズムを入れてみようとか

福森　僕は音楽家ではないから、それしかできないからね。最初はシャッターが風に揺れる音とか雨の雫の音とかを録音してみて、それを太鼓で表現するとかコラージュしていくわけです。今日の練習もたとえば、「タタターン、タタタタター♪」って感じで、このイメージを時々入れていこうって言ったんだけど。ぐちゃぐちゃになった時もそこに戻ってこれるから。そんな組み合わせで音楽を作ってる。障がいのある人たちがちゃんと楽器を弾いたり、例えば『星に願いを』を歌ったりし

CD「encounter」　otto & orabu

しょうぶ学園のパフォーマンスバンドotto&orabu。頑強にずれる、不規則な音響が自由にパワフルにセッションすることによって生まれる心地良い不揃いの音楽。一部で熱狂的な支持を得ている彼らのサウンドを、坂口修一郎がプロデュースし、初めて音源化しました。

て、それに感動して涙したとしたら、その涙は「障がいがあるのに頑張っている姿」というような不幸の裏返しにある涙だと思うんだ。僕はそれはしたくない。ただ音楽をやろうっていうシンプルな目的ではなくて、彼らの存在を立証したかったってだけなんだよ。かっこいいこと言ってるけど（笑）

僕は福祉家だからね。最初の頃は彼らが社会復帰していくことを目標にはしていた。それを英語ではリハビリテーションというわけだけど、別に"リ"じゃないんだよね。戻らなくていいわけだよ。ケガをしたらリハビリをして元の生活に戻ろうとするけど、彼らはそのままで健康なんだから。だから社会復帰するために福祉の事業の中にいるんだけど、彼らは彼らのままで生きていけないのかなと。健常者の基準だけで考えると彼らは能力が低いと判定されてしまう。音感が悪いとか、場違いな会話をしてしまったり、じっとしていられないとかね。そうしてマイナスのイメージで捉えられるけど、障がいという部分があってもやっぱり「この人みたいになりたい」というポジティブな目線まで持っていけた時に、初めて平等を超えると思っているんだよね

坂口　一番最初の頃に「とはいっても素人だぞ、いいのか？」と福森さんに聞かれたんです。「でも素人って"素"の人という意味だから、素のままでいいんじゃないですか」って答えたら「まぁそうだな」と言われたことも覚えてます。最初に「グッドネイバーズ」という名前で始めようと思った時、一番有名な人がヘッドライナーをやっていて、前座がいて、一番下に地元バンドっていうヒエラルキーみたいな雰囲気は絶対に嫌だったんですよ。食事を作る人もステージで一番のゲストで来る人もヘッドライナーも、みんなフラットなイベントがいいなと思って。そんな時にしょうぶ学園に出会ったら、音楽はもちろん、アートとか色々な活動をしていて、そして空気がとてもフラットだった。自分がやりたいと思っていたようなことを実現している場だと感じたんです

福森　オファーしてきて、ラスト前に50分も出演させてくれてありがたいと思ってる。おかげで、「otto & orabu」は超成長の10年だった。スタートして10年目でオファーをいただいて、それから10年ステージに立って、一区切り。コロナも理由にはあるけど、考える時間にはなったんじゃないかなと。今年また出演するわけだから、どうしようかな。とりあえず練習は始めたけど、まだ全然見えてきてはいない。けど、やっぱりみんな楽しそうでね

坂口　僕らのようにゴールにばかり囚われていなくて、プロセスを楽しめている姿は眩しいですよ

福森　自分の中身を見るより、周りを見ている時間の方がよっぽど長いんだよ、健常者は。あの人たちは、自分のことを考えてる時間が長い。どっちが幸せかってことになるんでしょう。僕らは周りのことばっか気に

してて。今日のインタビューどうだろうかと思ってるし（笑）、今日練
習した音楽もどうだったんだろうかとも今思ってる。そんなことばか
り考えて「自分は楽しんだのか」って、聞いていないんだよ、自分に。
小学校の道徳では「自分の事より人の為に」とかそういう学習をしてる
からね。周りがどう思っているのか。周りに迷惑をかけないこととか
ね。自分自身が楽しんだかっていう部分をもうちょっと主張すべきな
んだろうっていうのはあるんだよ。GNJはお祭りだからこそ、新人職
員の登竜門にした。そこでorabuにみんなが化けて声を出す。変装す
るとだいたいの人は声が1.5倍くらいになるんだよ。自分を失うからか
な。一方彼らは変装してもしなくても一緒。そうして10年。それでオ
ラブもよく育ったと思う

坂口　　今日の練習にトランペットで参加して、すごく楽しかったです。しょ
　　　　うぶ学園の思想というかあり方には常に影響を受けていて、僕がこう
　　　　考えているのは間違っていないんだと思える場所。ジャンボリーを始
　　　　める時の指針になった場所でありバンドですね

福森　　今ピアニストがいなくてピンチだから。産休に入っているんだよね。
　　　　要であった彼女が不在ということでどうなっていくのかまだ見えない
　　　　し、バンドが成立するのかなあとちょっと心配もある。練習を重ねて
　　　　いくうちに何か見えてくるかな、とやっている。コロナで色々動けな
　　　　いことが多かったりして、僕自身も気力が少し落ちそうになる時もある

坂口　　13年も経てば職員の方たちも入れ替わりますもんね。GNJの規模を縮
　　　　小してから初めてステージに上がってもらうのですが、今までとまた
　　　　少し違う雰囲気を「otto&orabu」側がどう感じて楽しんでくれるのか
　　　　が楽しみです

福森　　音楽バンドというより人間の、何ていうのかな!?　考えていることを
　　　　表現していく、一つの集団なんだよ。自分自身も楽しんで「かっこい
　　　　い」って感じながら、彼らが幸せでいるってことをこのまま守ってい
　　　　こうと思ってます

Chapter

グッドネイバーズ・ジャンボリー
のつくり方

度重なる災害やパンデミックの渦のなかでも、
一度も途切れることなくそのゲートを開き続けてきたGNJ。
それを支えるのはGNJがつくりだしたフラットなコミュニティ。
その根本にあるものとはなにか。

グッドネイバーズ・ジャンボリーの構造

フラットな集まりを作る

　GNJというタイトルは、岡本仁さんと相談して決めました。そのネーミングを決める相談をした時に僕が伝えた想いは、シンプルに、いろんな人たちがフラットに集まる場を作りたいというものでした。それに対して岡本さんが発してくれたキーワードが「良き隣人たち（グッドネイバーズ）のお祭り騒ぎ（ジャンボリー）」。しかし、実はもうひとつタイトル案があったのです。それは「ホライズン」（地平線または水平線）というもの。言葉は違いますが、どちらも縦割りで垂直な人間関係ではなく、人々が横並びでフラットな関係性であることを表しています。なぜフラットな関係性の集まりを作りたかったのか。そもそもこのイベントはなんのために開くのか。それは「フェスティバルを通じてコミュニティに貢献する」ということでした。年に一度でも、価値観を共有するコミュニティのメンバーが集まる場ができればそれ以外の日常の暮らしが楽しくなる。自分も含めみんながそこに居心地のよい場所を見つけていく。そんなイメージ。そのコミュニティとはどんなものなのか。

コミュニティの2つの型

　どんな祭りも、もちろんGNJもなんらかのコミュニティが支えています。それは大きく分けて2つの形に類型できます。ひとつは従来の自治会や学校、会社のような従来型の「レガシー型コミュニティ」。もうひとつは、価値観や趣味の共有で集まる「ビジョン型コミュニティ」。「レガシー型」は土地や地縁にひも付いています。参加のハードルが高いものが多く、ややもすると義務的になりがちです。伝統的な祭りはこちらが支えていることが多い。一方「ビジョン型」は、昔でいえば同人のようなもの。今ではインターネットなどのツールを駆使して情報を共有し、物理的なエリアはあまり関係なくなっています。出入りも比較的自由で参加のハードルは低い。近年世界中で行われている夏フェスや同人的なイベントなどは、こうしたビジョン型のコミュニティが支えています。

風通しのよい集まり

　自分たちの居場所をどう心地よくしていくかと考えた時に、自然と立ち現れて形ができていく場。みんながバラバラでやっているけど、やっぱりこういうものがいいよねとゆるく同じ方向を向いて楽しげに集まっているような雰囲気。それぞれが自立しお互いがやっていることを認め

合っている。違うことをやっているけれどそれでいいよねと言い合える関係性。そういう風通しのよい場に自分も居場所を見つけたい。

　フェスティバルにおいてそのあり方を共有するには、空間を満たす音楽や食事と多様なコンテンツ、会場の設えやゾーニングなどを通じてこの場での振る舞い方をメタメッセージとして発し続けることが大事です。よき隣人として自立した個人が、互いを尊重し助け合う関係をみんなで作っていく。みんなが自由でありながら勝手でもない。隣の人の居心地を尊重して楽しんで行動できるような場の感覚や雰囲気、空気を作る。そしてそれを一緒に守るという信頼関係を実行委員にも当日のオーディエンスとの間にも築くこと。

コミュニティのモデルと祝祭日の機能

　GNJを支えているようなビジョン型のコミュニティは、実体はあるけれどゆらゆらしていてその輪郭は曖昧なまま。緩いけれど吸引力があってぐるぐる対流しています。いろんな人が自由に出たり入ったりしながら、全体はまとまっていて一定の方向に向かい自律的に動いている。それ自体が意思を持った生き物のような運動体。こうしたコミュニティのモデルは、参加メンバーそれぞれが自律して分散しながら中央を持たず、それぞれがフラットにつながり合っているという意味でのインターネット的なイメージです。こうしたコミュニティはマスタープランを先に考え、設計図のようなものを元に作るのはなかなかむずかしいと感じます。イン／アウトがはっきりしてるコミュニティは、その中にいる人は心地よくても、外から入りづらくて排他的になってしまうこともあります。構造ありきで先に組織図を作るところだけを重視して始めてしまうと、いつのまにか目的と手段が逆転して形骸化して熱を失ってしまうこともあります。

　排他的でもなく形骸化しないコミュニティを作るには、常に人とアイデアが対流していることが必要です。そのためにコミュニティに熱を与え、メンバーの交流と対流を生み出すのがハレの日である祝祭の機能。人々が集まってコンテンツを体験することによって一体感や吸引力を作りだします。そのために様々なプログラムやコンテンツをその中で企画する。フェスティバルがコミュニティを強化する機能を持っているのは間違いありません。ハイコンテクストな場の質を高めるために、GNJは時間がかかり効率は悪いですがボトムアップでコミュニティを巻き込みみんなで作っていく仕組みを目指してきました。場を作ったら走りながら修正する。余白や遊びがたくさんありながら崩れない場のあり方を追いかけることにしました。

場の空気を作ること

　空気を読むというのは普通あまりいい意味で使われません。しかし、よい集まりには場の空気感というべきものがあって、そこにいる人や振る舞いをゆるやかに規定しています。それは場のマナー、もしくはゆるやかなプロトコル（約束事）というようなものかもしれません。言語化しづらく同じものを大量生産するように再現して横展開することはできない。しかしその空気感は集まりを主催する側が発する、クリエイティビティやデザインなどによって意識して作ることはできます。フィジカルな場ではフライヤーやポスター、会場の装飾やコンテンツなどを使って感覚的に表現されるクリエイティブの力には、場の空気感を形作る重要な役割があります。

　GNJは回を重ねるごとに次第に関わってくれる人が増えてきました。だからといって実行委員にも来場者にも特に明文化したルールなどは設定してきませんでした。それはできるだけみんなに、自由に関わってほしいからです。日常生活では、人は常に様々なルールや制約の中で暮らしています。そうした日常から離れて過ごすハレの日＝祝祭に関わる日にあまり制限はかけたくない。ルールはあくまでもみんなが自由に関わりやすくするためのものに留めたい。だから明文化したり禁止事項を増やすのではなく、自然なコミュニケーションでコミュニティと空間の質を高め、互いに居心地よく過ごせる場をみんなで作っていくことはできないだろうかと考え続けてきました。みんなが感じて自然と行動できるような場の感覚や空気といったメタメッセージを大事にする。そしてそれを守ってくれるという信頼関係を場に集まる人との間に築く。場を開いている以上、集まってくれる人は基本的にこちらから選ぶことはできません。であれば自分たちの場に来てほしい人、つながってほしい人のイメージを意識して、まずは自分がそうなるべきなのだと思います。類は友を呼びます。そうして同じ方向を向いて集まりの場に貢献してくれる人を増やし、信頼関係を作ることでゆるやかな場のマナーとプロトコルは守られます。運営者が場に集まる人たちに信頼されるには、こちらから先に信頼することが必要になります。その人を尊重してフラットに受け入れ、未来に向けて手放すことの中に信頼関係が生まれる。場に集まる人たちにそうした意識があれば、何か問題が起きたとしてもその都度協力し合って解決していけます。顔の見える規模と信頼できる関係性があれば、細かなルールや禁止事項は本質的には必要ないと思います。

3つのキーワード

　言語化しづらい場の空気やメタメッセージを規定してしまうのは少し危険でもあります。そこに正解／不正解が鮮明になってきてしまうと解釈を巡って分断してしまったりする。だから僕らもGNJがこうあってほしいという想いを安易に言葉にすることには慎重でした。しかしその一

方でGNJの方向性を新しく参加してくれる実行委員やボランティアサポーター、関わってくれる人たちに曇りなく伝えることも必要です。そこで次第に僕らはルールではなく、あり方をシンプルにすでに世の中にある3つのキーワードに絞って伝えるようになりました。

D.I.Y. = Do It Yourself

自分たちの手でひとつひとつ作る。そこにあるものを使って自らコンテンツを生み出すように意識する。ブリコラージュ。顔の見えないどこかの誰かに丸投げするのではなく。ステージからツリーハウス、会場の装飾に至るまでできる限り自分たちの手を動かして作るクラフトマンたちに学び大事にすること。

B.Y.O. = Bring Your Own

誰もが持っている何か得意なこと、できることを持ち寄る。音楽が得意な人はステージで音楽を奏でてもらう。ものづくりができる人、文学や映画に詳しい人やスポーツが得意であればその技や知識で。フードやドリンクが作れる人は食事を提供する。

B.H.N. = Be Here Now

「いま」「ここ」にあるものを最大限に活用し、足元から発想する。他の場で出来ることは他にまかせて　ここにしかないもの、この日この場に集まる人でしか実現しないアイデアを最優先に考える。

VIPもいない、お客さんもいない

　フラットであるという姿勢から、GNJではゲストやヘッドライナーのアーティストも特別扱いはせず、VIPエリアみたいなものも作りません。ラインナップにしても有名アーティスト頼みではなく、地元の障がい者支援施設しょうぶ学園の楽団がヘッドラインだったりします。プロフェッショナルのアーティストとしょうぶ学園のような社会では障がいがあるとされる人たちは対等に同じステージに上がり、いい時間に出演してもらっています。

　アーティストがいいパフォーマンスをするために集中して準備する楽屋やバックヤードはもちろんありますが、考え方としては場に集う全員がVIPなのでVIPがいないのです。こうしたところから「お客さんをゼロにしよう」というスローガンも自然と生まれてきました。GNJは出演者や出店者も含めて最大の時でも2,000人ほどの小さなフェスティバルです。だから全員参加＝出演者2,000人のフェスティバルなんて言い方もしていました。子どもにも役割を作って参加してもらう。この日はとにかく働きたくない人は、楽しそうな雰囲気を持ってきてもらうというこ

とでもいい。フェスティバルとは受け身で参加するものではなく、主体的に関わったほうが楽しいというメッセージは常に発し続けていました。

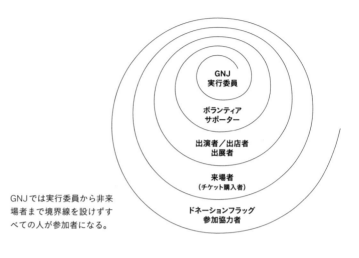

GNJでは実行委員から非来場者まで境界線を設けずすべての人が参加者になる。

（図中）
GNJ
実行委員

ボランティア
サポーター

出演者／出店者
出展者

来場者
（チケット購入者）

ドネーションフラッグ
参加協力者

場のクオリティを保つ

　来る者は拒まずに門戸を開き、敷居を下げて全員参加を目指す。とはいっても、それでなんでもありになってしまってはコンテンツや場のクオリティが下がってしまいます。そうならないために、フェスティバルを裏で支える職人の仕事は尊重しなければいけません。ステージの進行や音響や照明のスタッフの存在は目には見えませんがスムーズな運営には不可欠です。テクニカルのクオリティをキープすることは、健全な緊張感を発してコンテンツ自体のクオリティを保つことにもなります。

　交通はじめインフラ周りなど事故の危険が伴うセクションには予算を配分してプロについてもらい締めるところは気をつけてきました。トイレやごみの問題も重要です。GNJではごみステーションとヘッドライナーやワークショップはフラットに扱ってきました。どんなに著名なアーティストがいて素晴らしいものづくりが行われていても、トイレやごみ周りが汚れていては場の魅力は下がってしまいます。特別扱いはなく全員がVIPだというのであれば、そのみんなが使う足腰の部分はヘッドライナーに先んじて考えなければいけない問題です。

小さく始めてみんなで育てる

　GNJは当初から継続を目指していましたが、規模の拡大は目的ではありませんでした。ひとりひとりの参加者としっかり向き合おうとすると、2,000人以上の動員は顔の見える関係性を築けない数だと感じていました。キャパシティが大きくなると経済的なリスクも比例して大きくなり

ます。野外フェスティバルの開催には天候などのリスクも大きく関わります。特にみんながボランタリーに関わるようなものであれば、外部条件の影響があってもレジリエンスを保てる小さな規模に戻れるようにしておくことも重要です。補助金などに頼らず参加チケット代と出店料、協賛収入をメインにして自走できる形にしているのも、補助金ありきで構築するとなくなった途端に継続できなくなるから。コンテンツはつねに小さな主語で発想する。フェスティバルの中で展開するどんなプロジェクトも小さく始めてバジェットではなくアイデアを絞ってみんなで育てる。必然性のある偶然を見逃さず、面白いアイデアはピックアップして取り込む。一方でマンネリズムに陥った気配が見えたコンテンツは潔く止めるという判断もフレッシュさを保つためには重要だと思います。

　GNJは実行委員の構造もゆるく組織図的なものはほぼ作りませんが、そのなかで役割分担はあります。できるだけ本業の延長で取り組めるように話し合って配慮しています。場の中に得意分野を生かした役割があることでモチベーションも保たれるし、日常の仕事の延長線上にフェスティバルを捉えることができるようになる。出入りは自由で毎年関わらないといけないということもないので、何年か休んでふたたび戻ってくるということもあります。どこからどこまでが実行委員なのかも曖昧。最初は出演者だったのに次第に関わりが深くなり、いつの間にか実行委員的な働きをしてくれている人もいます。

　GNJは初期の頃からSNSを積極的に使って情報を発信してきましたが、その時に心がけていたベクトルは、まず最も近くで関わってくれるメンバーに向けて内向きに発信すること。拡散の前にリアルな口コミを大事にすること。一石を投じたら波紋のように広げていくこと。

終わりと始まりのデザイン

　こうして空間の質を維持することと同時に、時間とどう向き合うかが最終的に体験の質を高めます。そのための始まりと終わりのセレモニー、オープニングとクロージングは最も大事な瞬間だと考えています。GNJでは毎回開場時にバッハの〈無伴奏チェロ組曲〉をかけてから、旗を揚げて入場ゲートを開けることにしています。これは映画「真夏の夜のジャズ」のワンシーンからインスパイアされて初回のオープニングのDJが選んだ曲。ゲートが開く時に毎回かかるこの曲を聴いているのはお客さんではなく会場内で走り回っているメンバーたち。どんなイベントも開場する瞬間に向かうための準備で8割決まります。だからオープニングは何ヶ月も働いてきたメンバーの仕事の終わり。準備から開放する儀式はなんとなく始めるのではなくしっかり印象づけるほうがいいと思います。祝祭の終わりに向けて始まる合図。その瞬間を共有することは運営側のその日一日の一体感と結束を固める重要な時間です。

　始め方と同じくらい、そして一日のコンテンツの中でおそらく最も重要なのはフェスティバルの終わり方です。終わり方次第でこの場に集まった人々の経験の意義が変わり、記憶にどのように残るかが決まります。人が集まるフェスティバルの時間は、次の集まりまでの暮らしを変える可能性があります。GNJは夜のゲストアーティストのライブでクライマックスを迎え、すべてのコンテンツの最後に音楽家でもある実行委員長の僕がトランペットを吹き、掲揚台の旗を降ろして終えるのが恒例になりました。これは誰かが企画したものではなく、いつの間にか実行委員のみんなから要求されて始まったセレモニー。毎回この時間はみんな名残惜しくどこか寂しいものですが、だからこそ一線を引くことで余韻が強く残ります。映画のエンドロールのように終わりを受け入れてみんなで共有する時間。今日一日に体験したことを強く心に刻むことでその時間は場にいるみんながその後もつながるきっかけになります。そしてこのクロージングの時間は集まった人たち、作り上げた人たち全員にとって来年のGNJへの始まりの合図でもあります。そんな名残惜しさと次回への期待感が「また来年、森の学校で会いましょう」という合言葉を生み出したのかもしれません。

いちばん大切なことは

　最後にいちばん大切にしていること。それは運営側の実行委員とボランティアサポーター、裏で支えるスタッフがしっかりと楽しむことです。自分たちが楽しめていない場で参加者だけが楽めるでしょうか。自分がハッピーでいるために、隣にいる人やその人を支えているスタッフもハッピーでいてほしい。そして自分たちがほんとうに楽しめることでなければ継続はできません。その連鎖もまた場の空気を作ります。場を保つのはその場にいる全員の仕事です。瞬間的に負荷がかかることも多いフェスティバルの現場ではなかなか難しいことですが、仕事のしわ寄せがあって誰かが苦しんでいたりする状況が極力ないように気を配る。そうした非対称性が起きないように、今回できなければ次回は改善できるように、振り返る姿勢を持つことは、関わるメンバーにとって重要だと思います。こうした細部にこだわることでGNJは穏やかで健やかな場の空気を維持するように気を配っているのです。

そしてダウンサイジングへ

　夏の終わりに開催を終えた後、秋に実行委員が集まって今年を振り返り、翌年の活動についてのミーティングをします。10回目の開催を終えた後のミーティングでは10+1回目は心機一転、構造を大きく変えようと話し合っていました。それまでは参加者は基本的に来る者拒まずで受け入れていました。最も多い時ではちいさな廃校の中に100組を超える出

演者や出店者を含む2,000人に迫る来場者がいた。それをさばく実行委員の仕事量はかなりのものになっていました。この頃には後述するリバーバンクの活動も始まっていました。この地域のことを多くの人に知って体感してほしいとは思うものの、大勢がちいさな集落に集まることはそれだけで地域に対する負荷も大きくなるというジレンマも生まれていました。たくさんの人に知られるようになった反面、これまでになかったような問題やクレームも起きていました。拡大するコンテンツを支えるために事前に広くPRして一定以上の集客がなければ経済的にも苦しくなるという興行的な側面が強くなってしまっていました。

そこで、思い切って動員人数を絞ることにしました。森の学校の敷地は約10,000㎡（約3,000坪）ありますが、そこに2,000人ほどの人がひしめく状況は会場のキャパシティ的には限界でした。駐車場も充分確保できないちいさな廃校にその人数を往来させるには、大型のバスでシャトルさせるなど交通の面でもぎりぎりの運営をしていました。インフラとロジスティクスに余裕がない状態で運営すると、ちょっとしたミスが致命的な事故につながる可能性もあります。規模に比例して様々なリスクを抱えることになり必要のない緊張感が高まる。ほぼすべての運営をボランタリーにまわしているGNJにとってそれは背負いきれないものになってきていました。それまでは県外の子育て世代の人たちの参加しやすさなどから夏休みの時期を選んで開催してきましたが、そのことも動員増の一因だったと思います。加えて10年間定点で同じ場所にいて感じたのは、近年確実に暑さが過酷になってきているということ。それが地球温暖化のせいなのかどうかという議論はさて置いたとしても、初期の頃よりも参加者と子どもたちの熱中症のリスクへの対応にもかなり気を配らなければならなくなっていました。それで開催時期を8月から過ごしやすい10月に移動しようと決めたのです。

動員人数が多いことはそれだけ予算も使えることになります。メジャーなアーティストを招聘し、ダイナミックな演出や装飾も可能になる。しかし動員と予算が小さくなるならば、コンテンツもそれに合わせて小さくすればいい。それでもGNJの"コミュニティに貢献するフェスティバル"という最初に目指したものは変わらないはずです。むしろ大きくなれば、最も大切にするべき参加者同士の顔の見える関係性は薄まってしまう。原点に立ちかえり人数を絞る。そう進み方を定めて2020年の開催に向けて動きだした頃、新型コロナウイルスのニュースが遠くの国から聞こえてきました。

ダウンサイジングという
シフトチェンジ

Shift Change
and
Pandemic

———

2020年に日本でも感染が確認されはじめた新型コロナウイルス。GNJはこの年の初頭にそもそも2ヶ月時期をずらすことにしていたので、この時はみんなまだゆっくり構えていました。しかし、それからのパンデミックは予想をはるかに超えるものでした。ロックダウンなどもあったので実行委員会もミーティングはオンラインのみ。夏休みの時期は感染者も多く、全国のイベントやフェスティバルは軒並み中止を余儀なくされていました。パンデミック前に時期をずらすことを決めていなかったらかなり大変だったと思います。これまでのGNJは各コンテンツを作るメンバーと必ずブレストをしながら進めていたのでやり方は大きく変わりました。それでそれまで考えていた企画も大きく変更しましたが、秋に向けて感染者数も落ち着き、なんとか開催はできそうでした。

夏に開催していた頃のGNJは開催日の半年前の毎年2月には本格的なキックオフミーティングをして走り始めます。年末年始と年度末と年度初めはどうしてもばたばたしていろんなものが止まってしまうので、2月に動き出したとしても準備に使えるのは実質4月〜8月。開催時期を2ヶ月ずらしたことでキックオフが4月半ばになり、そこから10月末の開催まではしっかり時間を作ることができるようになりました。

そうして10＋1回目のGNJはチケットを制限して200名の限定で開催。時期も動員人数もそもそも減らす方向で考えていましたし、人数限定にすることによる混乱も、特にありませんでした。

こうして、これまでやっていたことから大幅にサイズダウンし、一気にいろいろなものを手放した結果、GNJはよりよいもの、豊かなものを手に入れることになりました。

動員人数
Number of People

空間にゆとりができると
気持ちにもゆとりが生まれる

人数を200名に限定したことで「不特定多数」ではなく「特定少数」の動員に。参加者全員に一人当たり単純計算で平均すると約15坪という豊かなパーソナルスペースが生まれた。全員の顔が見え、場のコントロールに対する負荷が軽減したことでボランティア運営もスムーズに。トイレに並ぶこともフードブースで長く待たされることも減った。運営側もリラックスして過ごせるようになり、それが参加者にも伝わることで今まで以上に穏やかな空気が流れるようになって空間の質が高まった。これまで以上に全員がVIPのような扱いになったとも言える。

[動員人数（人）]　■ 来場者数　■ 出店スタッフ数　■ 運営メンバー数　■ 前夜祭参加数

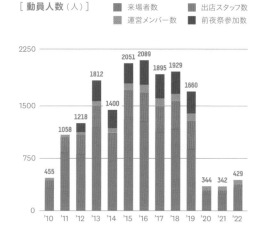

環境負荷
Environmental Load

小回りの利く運営で
無駄がなくなり、ごみも減る

車の移動が減って地域の環境への負荷は低減した。人数が少なければごみの量も減り、夏の開催時は熱中症対策から欠かせなかったペットボトルでのドリンクの提供もなくすことができた。子どもたちのためのソフトドリンクも瓶での提供に限定してすべて回収することが可能に。フードブースでは食数が計算できるようになったことで食材のロスが減った。当然ながらトイレの汚水も減り、電気、ガスなど基本インフラも負荷が大きく下がることに。当日のパンフレットなどその場限りしか使われないものをやめて情報提供は場内の黒板などに限定してごみを極力出さないように配慮した。

[10年間のごみの量推移（kg）]

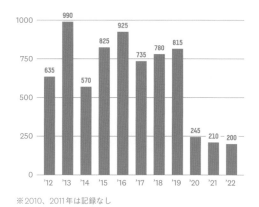

※2010、2011年は記録なし

予算と売上
Budget and Sales

収益化だけにとらわれない
大きなものさしの経済作りを

経済は継続のためにあるというのが基本的な考え方。コストパフォーマンスを重視するビジネス先行の考え方だけではコミュニティに貢献するというあり方は難しい。ダウンサイジングして全体の人数が減ればチケット収入も減るが、コンテンツの内容を絞って支出も減らすという方向で調整することにした。

もともとGNJは初回からフェスティバルの単体での収益化は目標にしておらず、自分たちが「どうありたいか (to be)」が先にあったうえで経済構造を

考え、マイナスもプラスの利益も残さず収支がプラマイゼロになるバランスを目指してきた。12年の間実際にフェスティバル単体で利益が出たということはほぼなく、経済的なものさしだけでいうと決して成功とは言えない。

それでも継続できているのは、フェスティバル開催に伴う様々な責任をGNJから始まったプレイスメイキングを行う会社"BAGN Inc. (BE A GOOD NEIGHBOR)"が担保することで、ボランティアベースの実行委員会に経済的なリスクが及ばないようにしてきた

[総収入 / 総支出 / 収益 （単位：千円）]

■ 総収入　■ 総支出　■ 収益

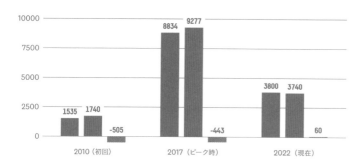

初回、収入が最大になった2017年、ダウンサイジング後の2022年の収支比較。フェスティバルのサイズが変わっても収益はほぼ変わらず、微マイナスになることが多かった。マイナス分は実行委員会に参加する会社で補填している。

[収入詳細 （単位：千円）]

■ チケット　■ 出店料　■ 協賛収入　■ その他

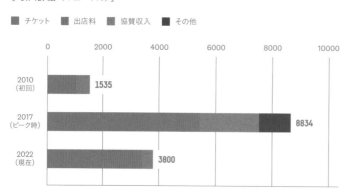

収入の内訳。2020年からは当日券を販売せず前売りのみで完売。事前に予算が立てやすくなった。また、企業からの協賛の代わりに来場はしないが個人や商店の名前をフラッグに書いて会場に飾る「ドネーションフラッグ」を取り入れ、いわゆる"投げ銭"の感覚で会場の外からも場づくりを支援できるようにした。

から。効率は悪いが時間をかけてネットワークが広がる中であたらしい仕事を生み、フェスティバルを越えたところで経済を回してGNJを支える仕組みづくりを意識してきた。

BAGN Inc.の他にも実行委員の中から独立して会社やショップを立ち上げたメンバーも多い。会場である廃校を活用するための団体〈一般社団法人リバーバンク〉の設立にもつながっている。GNJから生まれたネットワークで新しいプロジェクトや仕事が始まった例は枚挙に暇がない。こうした起業の件数や地域への波及効果といったエコシステム全体でフェスティバルを支えていることを考えれば、単体での多少の経済的な損失は必ずしも失敗ではなくなる。

2019年までは規模を拡大していて収入も増えたがその分支出も多かった。2,000人でも200人でも

最終的な数字は通算ではほとんどイーブン。同じイーブンなら顔の見える関係性をつくれるあり方を選んだのがシフトチェンジ後のGNJ。いま世界ではアメリカ発祥の地域支援型農業CSA（コミュニティ・サポーテッド・アグリカルチャー）という制度が広がりつつある。農業生産者は天候不順や、不作、販売不振、などさまざまなリスクにさらされている。コミュニティが事前に対価を支払って支える代わりに生産者はリスクの大きいオーガニックや少量多品種の作物を直接届ける。そうすることで互いに顔の見える関係性の中で農業の恵みとリスクを分かち合う仕組み。GNJも現在は同じような考え方で、来場者からのチケット収入に加えて町のお祭りのように個人や会社からのドネーションを受けてコミュニティが支え、楽しさとリスクを分かち合う経済的なバランスを模索している。

[**支出詳細**（単位：千円）]

■ チケット手数料　　　　　　　　　■ その他コンテンツ　　　　　　■ 備品他
■ ステージ&会場設営、装飾、ツリーハウス　■ 広告宣伝（デザイン/web/フライヤー）
■ アーティスト関係費　　　　　　　■ インフラ関係費

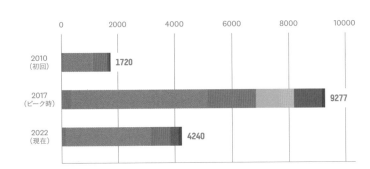

ステージの規模にともなって支出が増えるのは避けられない。また、来場者が多いほどインフラ関係の支出の割合が大きくなる。現在ではフライヤー等の印刷をやめたため、広告宣伝費がかからなくなった。

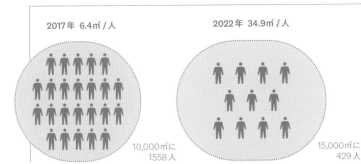

2017年に約10,000㎡だった森の学校の敷地は、2022年には15,000㎡に拡張。しかし来場者は1,558名（本祭参加者）から429名と1/3以下に減ったため、ひとりあたりのパーソナルスペースが5倍ほどになりゆったりとリラックスできる空間がうまれた。

ロジスティクス
Logistics

場内キャンプが可能になり
輸送や警備もコストダウン

会場のスペースに余裕が生まれたため、これまでも要望としては多かった参加者のキャンプ泊ができるようになった。ターミナル駅から出していたチャーターバスや、隔地に設置せざるを得ない駐車場からのシャトルバスのオペレーションがシンプルになった。別の場所に駐車場を借りたり、警備員を配置していたコスト負担も減り、交通量が減って事故が起きるリスクは低減した。

PR
Public Relations

広報活動も小規模の
口コミ方式に変化

12年間の開催でGNJの名前はコミュニティに浸透していて、限定数のチケットは早々にほぼ売り切れるため、広く宣伝をする必要がなくなった。紙のチケット、フライヤー、ポスターもほとんど廃止。大きく集客しないと予算を達成できない、そこで集客のためのPRに時間と工数を大きく取らざるを得ない……という興行的なストレスからも解放されることになった。

[人数ピーク時（2016年）のフライヤー・ポスター刷部数]

フライヤー　3000
ポスター　500

[2022年のフライヤー・ポスター刷部数]

フライヤー　300
ポスター　0

フライヤーの枚数は1/10に減少。ピーク時は鹿児島県内を中心に、ショップやギャラリーなどに次々と配っていた。

通貨
Currency

端材を利用したコインを
エコな共通硬貨に

2020年から場内の現金の使用をやめ、すべてレザーの端切れを再利用したGNJコインに統一した。換金所を設けてフードやドリンク、ワークショップなど有料のものはすべてコインで支払う。余ったコインは翌年も使えるが、使い切らなかった場合はそのままドネーションに回すこともできる。クラフトから出る端材をごみにしないというメッセージやイベント空間内での独自の経済の価値観が生まれることにもつながっている。

季節
Season

準備に余裕ができ、
さらに居心地良く

夏に開催していた頃のGNJは、年末を挟んで開催の10ヶ月前から準備を始めていた。開催時期を秋にしたことでキックオフが年明けになり時間的な余裕が生まれた。夏に毎年気を遣っていた熱中症のリスクは大きく減り、食材の選択肢が限られる夏から収穫の秋に移ったことでフード用の食材の取り扱いも楽になった。

ステージ
Stage

出演者と客席が一体になる
贅沢なステージへ

ステージ規模を小さくしたことでレイアウトの自由度が格段に増した。シンボルツリーを屋根代わりに開放的なステージを演出した年もある。パフォーマーとオーディエンスとの距離が縮まり高低差もなくなって一体感が生まれやすくなった。

フルセットのバンドなどは難しくなったが、逆に最初からシンプルなセットの音楽性に絞るなど方向性を定めることで対応するようになった。

コンテンツ / ワークショップ
Content / Workshop

少人数だから叶う
密度の濃いコンテンツ

コンテンツはテーマやコンセプトが明確になり、実行委員会側が意図したものを提供できるようになって統一感などをコントロールしやすくなった。コンテンツのバリエーションは減ったものの、動員人数が少ないので一人当たりに割く時間がゆっくり取れるようになり濃い内容を提供することができるようになった。

[ワークショップとプログラムの数推移]

■ 出演者（組数）　　■ マーケット出店数　　■ プログラム出店数
■ ワークショップ出店数　　■ フード出店数

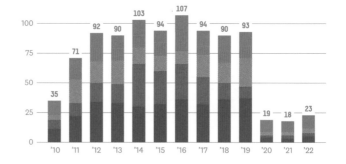

出店 / 食
Branch Store / Food

地産地消を堪能できる
みんなの食堂が誕生

最盛期には40店舗近いフードの出店が小さな校庭にひしめいていた。シフトチェンジを機に実行委員会側でシェフを集めてチームを作り、一つの大きなレストランとして運営することにした。実行委員会で生産者から食材を仕入れ、全員で売り上げて、働いたシェフ全員で利益も分配する仕組みに。これによってかつては多少見られた出店者間での売上の格差や競争がなくなり、全体の食数も減ったことで丁寧なメニュー構成になりフードロスが限りなくゼロに近づいた。何より収穫の秋に時期を変えたことで、真夏の頃よりも格段に使える食材が増えた。食数が限定できるため、森の学校の校庭や周囲の森の中に自生している食材を収穫してメニューに加えるなど構成も格段に豊かになった。

（上）森の学校に設えられたアウドドアキッチンが、この日だけひとつの大きなガーデンレストランに変身。

（下）テーマに基づいて集まったシェフたちが一品ずつ持ち寄り、ひとつのワンプレートランチが完成。

2016年のフード出店は36店あり、WEBの情報も密。これらの店がひしめくフードブースから一転、2020年以降は大きな食堂ひとつと飲み物を中心とした数店の出店のみに。

GOOD NEIGHBORS JAMBOREE

T-SHIRTS DESIGN

DESIGNER

| バンザイペイント | 清水隆司
(judd.design) | 久保雄太
(TSUZUKU) |

毎年色違いやデザイン違いで制作される
オフィシャルTシャツを楽しみに来場す
る人も多い。メディアのひとつとしてそ
の年の情況を受けたメッセージが入った
り、テーマカラーが変わったりしてい
る。実行委員やボランティア、来場者の
区別なく場内の多くの人が同じTシャツ
を着ることで一体感を生み出すコンテン
ツになっている。

2012

森の学校なので、カレッジT以外考えられなかった

この年から始まったグッドネイバーズ・カレッジに合わせて架空のカレッジTシャツがモチー
フに。タグラインは"MUSIC&CRAFT CAMP"。ユナイテッド・アローズGLRの協力でオー
ガニックコットンを使って制作。毎年シリーズ化していく。

2010

シルクスクリーンで自由にプリント

初回はアーティストの神山隆二さん、かざまなおみさんと一緒に自分のTシャツにDIY。

2011

スタイリスト石川顕さん、バンザイペイントとコラボレーションしたいまも人気の高いデザイン。

2013

好評だったデザインを踏襲し「架空の大学の生協で売っていそう」な色をセレクト。

2014

金井工芸の泥染めWSで染めたりして楽しかった

多様化するGNJの内容からタグラインが"A BEAUTIFUL DAY IN KAGOSHIMA"へ。

2015

個人的にこのグリーンはとても気に入っています

森のイメージの深緑。テーマカラーをみんなで話し合いながら決めるように。

2016

デザインは定番のままボディの仕様が変わった年です

震災を受けて「大分熊本の隣人のために集まろう」というメッセージ入り。

2017

重たい色が続いたので明るい色で軽やかなムードに

色違いも制作されるようになる。トレンドを受けてデザインはビッグシルエット。

2018

抜けるような青空をイメージしたブルー。カレッジのイメージからよりポップに。

2019

10周年記念で背中には大きく、「10 YEARS OF HARMONY」のメッセージ。

2020

11年目にしてデザインを変更。ここから手刷りに

季節が代わり長袖が登場。この年以降はフロントではなくバックにDIYでプリント。

2021

GNJという略称を反映したシンプルなロゴタイプで、より大人っぽいデザインに。

2022

森の樹をイメージした、親しみあるやわらかい印象のアイコンが登場。

GOOD NEIGHBORS JAMBOREE

POSTER / FLYER DESIGN

DESIGNER

清水隆司　｜　**YOSHIROTTEN**　｜　久保雄太
(judd.design)　　　　　　　　　　　　　(TSUZUKU)

2010

シンボルツリーを象徴的に。ネットプリントでした

シンボルツリーとテキストだけの予告編のようなシンプルなイメージから始まる。

2011

初回の写真とともに一気に増えた情報量を反映してフェスティバル感の強いデザインへ。

2012

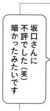

坂口さんに不評でした(笑)暗かったみたいです

GNJ全体のモチーフでもあった映画「真夏の夜のジャズ」のポスターがイメージ。

2013

手書きのロゴを配して「みんなでつくる文化祭」というテーマを反映させたデザイン。

2014

丸めると旗の形になります

三角のロゴを切り取って旗を作るというギミックで当日会場の装飾にも使われた。

2015

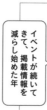

イベントが続いてきて、掲載情報を減らし始めた年

深い森の緑のテーマカラーでこの年も旗にできるアイデアが盛り込まれている。

2016

SHOPなどに貼ってもらいやすいようミニサイズに

大判のポスターは貼る場所が限定されるのでフラッグのイメージで細長い判型に。

2017

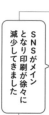

SNSがメインとなり印刷が徐々に減少してきました

ラインナップを載せることを一切止めイメージとSNSなどの情報をシンプルに訴求。

2018

刺繍ワッペンを撮影したデザイン。気に入っています

オフィシャルグッズ用に実際に制作した刺繍のワッペンをフィーチャーしたデザイン。

2019

10周年はゴールドメダルだよね！と★を10個！

さらに情報を削ぎ落としメッセージだけで終了後もアート作品のように飾れるものに。

2020

未来を表現
広がる優しい
1本の木から

メインツリーを囲んで世界中の人が集まり起こる出会いや体験をイメージ。

2021

ロゴも新たに。
12回目、GNJ
干支が回った

規模も広報のあり方も変化したGNJ。変わらず見守る楠の木と、木漏れる光を届ける。

2022

美しい一日を。
フィールドで
広がった森の

育っていくGNJの森の舞台と、広がるアイデアと活動の風景を切り取り、伝える。

GOOD NEIGHBORS JAMBOREE

GOODS DESIGN

毎年さまざまなアイデアで制作する缶バッジ。ランドスケーププロダクツが制作するオフィシャルグッズは、バンダナや、サコッシュ、キャップやマイカップといった当日の会場で便利に使えるものから、車に貼るバンパーステッカーまで。GNJの1日をより楽しむためのもの。鹿児島のクラフト作家とコラボレーションする陶器のバッジはあっという間に売り切れる毎年人気のアイテム。

GOOD NEIGHBORS JAMBOREE

WEB DESIGN

DESIGNER　冨永 要（株式会社カナメン 代表取締役）

BEFORE
2014

デザインのトーンはポスターをベースに。情報はWEBに集約する。GNJ内にはたくさんのチームがあるが、長い付き合いの中でそれぞれのコンテンツで伝えたいことはある程度事前にわかっている。SNSとタイミングを合わせて確定した情報をなるべく早くアップすることを意識してきた。

AFTER
2022-

20年以降紙のフライヤーやタイムスケジュールを配らなくなったので、画像を使わず容量を軽くしている。スマホからのサイトへのアクセスは80％ほど。当日は90％を越える。電波がほとんど届かない会場でもできるだけ軽快に見られるように気を配っている。

Column 2

醬油

Soy Sauce

Chat

雜談

坂口修一郎   ✕   原川慎一郎   ✕   齊藤輝彦
Shuichiro Sakaguchi   Shinichiro Harakawa   Teruhiko Saito

2021年、GOOD NEIGHBORS COLLEGEにて行われたトーク「僕たちが
好きな、大切な、残したい、鹿児島の風景や文化」。登壇者は、フードを
担当した長崎・雲仙のレストラン「BEARD」シェフ原川慎一郎、10年間
出店を続けているアヒルストア店主齊藤輝彦、そして坂口修一郎の3
人。このトークのキッカケは、実はメッセンジャーの会話だった。この
3人に加え、GNJ2021のフードを担当した沖縄「胃袋」の関根麻子、GNJ
フード担当の林賢太の5人で、GNJの食について改めてメッセンジャー
で話し合う中で生まれた「鹿児島の甘い醤油」という問題提起。そこから
トークが生まれ、GNJ2022年にはGNJ手作り醤油まで繋がっていく。

２０２１年９月１４日
メッセンジャーで
会話がスタート

原川慎一郎
（雲仙・BEARD
オーナーシェフ）

齊藤輝彦
（東京・アヒルストア
店主）

関根麻子
（沖縄・胃袋店主）

坂口修一郎
（GNJ実行委員長）

林賢太
（GNJフード担当／
鹿児島・HAYシェフ）

Harakawa

皆さん、

おはようございます😊
改めて、今年のジャンボリー開催にあたり、林くんをはじめとしたフードチームの皆さん
どうぞよろしくお願いします🙏

さて、今回の開催に向けて、この夏のはじめにアヒル齋藤さんとジャンボリーについてち
ょっとゆっくり話をする機会があり、そこであった共感したことを先ずはシェアさせて下
さい。

10年以上（今回で12回目？素晴らしいことです☺️）続く、このグッドネイバーズジャンボリ
ーですが、改めてこの活動が鹿児島の人たちを中心にその土地の素晴らしさの気付きや再
発見のきっかけとなり、そしてそれが皆さんのその土地での日常の暮らしを豊かにする手
がかりとなれるようなものになれば素敵だね。そして、そんな形でジャンボリーがこれか
らも長く続いて行ったら素晴らしいし、その先に見え得る鹿児島の未来の風景はきっと素
敵なものになるだろうね。と、そんな話を齋藤さんとしたんです。

そこで、僕らが提案したいのは、
「改めて鹿児島の良さを洗い出して、ジャンボリーという場で伝え（プレゼンテーション）
ていくこと。そして、それを少しでも良い形で次の世代に繋いでいく」
それを皆んなで一緒に考えながら、創り上げていくような試みをしませんか？
ということです。

ただのフェスじゃなくて、ただゲストシェフが来て料理をするのではなくて、鹿児島の人
たちが主役で、その皆が改めて鹿児島の良さに目を向けて、そして日常の中で深く掘って
行ける。掘って行きたくなるように、参加者の皆さんから個々の視点で能動的に考え続け
ていってもらえる切っ掛けになるようなこと。

鹿児島の皆が次の世代や未来に残したい鹿児島の風景を想像して、それを伝え繋いでいく
ための集い。

そんなことを、改めて今回をスタートに「食」を通して表現できたらいいなあと思ってい
ます。

❤️ 2

Harakawa

が、いかがでしょうか？☺️ ↩ ⋮

Harakawa

個人的には、まずは鹿児島のフードチームを中心とした皆さんが、「自分たちが好きな、
大切な、残したい、鹿児島の風景や文化」について個々に考えてみて、それをどうやって
今回の「食」の場で表現、伝えられるかを考えてみるのはどうかなあ？と思ったんです
が、どうでしょうか？

それを中心にして、みんなでその伝え方を考えてブラッシュアップして行く。という。 ☺️

修一郎

こんにちは！僕らが10年以上に渡ってやってきたグッドネイバーズ・ジャンボリーの在り方ともすごくリンクして考えてもらっていてバッチリだと思います。ありがとう！

もともとGNJは「文化の地産地消」っていうのが、地域にとっては大事だよねというところから考え始めたイベントです。文化っていうのは、音楽とかアートとかだけじゃなくて、その地域ならではの生活文化も含めてです。それをその土地に根付いて暮らしている人がちゃんと評価できたら、東京とか都会だけが素晴らしいんじゃなくてどこに行ってもその土地ならではの楽しい暮らしができる。その先に離れた土地の生活文化も同じように認め会えるようになるともっといいですよね。

そのためのいろんなアイデアをいろんなジャンルの人たちがフラットに集まって共有できる場がGNJだと思ってやってきました。だからしょうぶ学園のような世間では障害があると言われるような人と、プロのアーティストが同じステージに立つし、フードやクラフトのスキルで参加してくれる人たちもステージでライトを浴びるアーティストと同じく。そこにすばらしい食材を持ち寄ってくれる生産者も居てほしい。

コロナもあってなかなか思うように準備も進められずに来た部分はありますが、今年もジャンボリーは顔の見える小さな集まり。小さくなったからこそ出来ることというのがあるなとも去年すごく感じたので、残り1月ちょっとではあるけれど、知恵を絞ってできる限りのことが実現できたらなーと思います。引き続きよろしくおねがいします！

♥

輝彦

返信おそくなりました。
しんちゃんの要約&提言が素晴らしすぎて泣きました😭
まさにそれだよね。。最高🖤

しんちゃんがあげた
①の枕崎鰹節と②ふくどめ小牧場さん
あさこさんの
知覧胡麻油と七夕味噌

僕自身未体験な食材もありますが、おそらく世界中のどこに持って行っても驚かれるクラスの食材なのだと思います。
今年、来年あたりで、まずはこの4点をしっかり掘ってみるのがいいのではないでしょうか。

♥ 2

ちなみにぼくは、毎年鹿児島来てる中で、やっぱ旨いな！と思うものは、キビナゴと鳥刺しです。
キビナゴは刺身もいいけど、やっぱり軽く干してあるやつ？を焼いて、塩パラリしたやつがホントに美味しいと思う。北海道の本シシャモにすら対抗できる素材かと😋

鳥刺しも、鹿児島ならではというか、鶏肉の一番美味しい贅沢な食べ方だと思います。

♥

ただ鳥刺しについて強く思うのは、セットで付いてくる鹿児島の添加物タップリの醤油のことなんです。

これ、おそらく外からやってくる人間は全員感じていることなのだと思うのですが、どうも鹿児島の方は「甘い醤油ダメですか？」というニュアンスで、「（外部の人にはこの甘さが解ってもらえない。。）」という反応を示されます。

😊

ぼくはこの「甘い醤油」問題が、鹿児島における食の重大なウィークポイントに思えるのです。
醤油は家庭料理の味付けのベースになる調味料なので、醤油の味そのものが味覚のマザーになると言っても過言ではない。

別に甘いから嫌だと言っているわけではありません。馬刺しや鳥刺しには、あのタレ的な味わいの醤油はとてもフィットします。

しかしながら、裏張りの原材料表示を見ると本当にギョッとします。戦後の物資不足の時分ならまだしも、この飽食の時代にまだこんなものが流通しているのかと。言葉が強すぎてすみません.......でも外からの目線として、これだけはどうしても言っておきたい。

😊

甘い醤油文化はきっと昔からのことだろうに、いつから「まっとうで丁寧に造られた、本物の甘い醤油」が鹿児島の食卓から消えてしまったのだろうか。
これ、けっこうデリケートな話なのであまり積極的にリサーチしてないのですが、それでも友人数名に無添加の醤油について聞いた結果としては「うーん、、知らないなぁ」という回答でした。

ぼくが知らないだけだったら本当にすみません。もしかしたらすでにあるのかもしれません、無添加の醤油。
でも、もしあるのであれば、すぐにでもジャンボリーのお客さんに大々的に知ってもらうべきですし、ぼくも知りたい。

でもやっぱりないのではあれば、来年以降でいいですが、緩やかにその問題提起はしていきたいと思います。
そしてそれに響いた来場者の中に「おれが昔ながらの鹿児島らしい醤油をつくってやる」という人が現れて欲しいと思うんです。

そういうことが、説教くさくなく、能動的なリアクションとして起こっていくような。
そんなフェスであって欲しいなと、個人的には思っています。
たいへん長々とすみませんです🙏

修一郎

たしかに醤油問題については思考停止してたかも…😵あれしか知らなかったからなぁーーーー。東京に始めて出てきた時、醤油ってこんなに刺すようにしょっぱいんだと思ってびっくりしたのを思い出しました。甘くて柔らかいのが当たり前だったので。

いま鹿児島の醤油は原液を組合が一手に作ってそれを各焼酎蔵に分配。そこからそれぞれでいろいろ添加して（砂糖始めいろんなもの）それぞれの味を作るというのはジャンボリーにもよく参加してくれているサクラカネヨの吉村くんから数年前に聞いてびっくりしたんですよね。流石にそれぞれの蔵で作ってると思ってたので。まさかコカコーラ形式だとは思ってなかった。

昔はどうしてたんだろう。たしかにみんな知らないし、僕も知りたい！これ完全に盲点。

輝彦

コカコーラ感、ありますよね

これ、ナチュラルワインの歴史と近しいものがあるんですよ

勉強不足でしっかりした数値が出せないのが情けないのですが、50?60?年代までは、化学的な農薬は撒かれていないんですね

化学肥料がでてきてフランスワインは変わってしまって

それに対するカウンターカルチャーとして、80年代後半から少しずつナチュラルな芽吹きが生まれてきたんです

鹿児島の醤油の裏張りに書いてある謎のカタカナの原材料は、どう考えても戦前にはなかったはずなんですよ

こうなったのは、わりと最近の話なんだと思うんです

修一郎

たしかに！

僕の家はばあちゃんがが味噌と醤油を自分で作ってて、大学で東京に出てからも時々送ってくれてました。あれはどうやってたんだろやばいなーなんで今まで何にも考えてなかったのか。まずは親に確認してみます！

輝彦

😂

修一郎

そう考えると鹿児島は麦味噌も甘いけど、、あれもどうなってんだろう

Harakawa

皆さん、おはようございます😊

タイムラグがありつつ、齋藤さんから始まっての鹿児島の甘い醤油ストーリー。めちゃくちゃ興味深いです！

個人的には、ここでの問題点というか、とっても大切な学びは、自分も含めて現代人はやはりかなり受動的になってしまっているということ。
そして、歴史は今から、ここからまた作ることもできるということ。
だと思います。

鹿児島の甘口醤油の文化がたかだか50年だとして、グッドネイバーズジャンボリーは今もう12年目を迎えているわけで。
あと30年くらいで新しい文化を作っていくことも充分できると思うんです。

例えば、この戦後の生産性・効率重視の工業的な産業のあり方はこれ以上発達する必要性はない。というか、地球や未来にとってはストレスでしかないわけで。
どこまで行けるか分からないですが、今こそ改めて人が他の生物と大きく異なる所以である「知性と想像力」を人の勝手な都合のためでなく、地球のために、子どもたちの健やかな未来のために使って行けるようにしていきましょうよ！

♥ 2

輝彦

甘いが旨い
これはほんの数年前までの和食の考え方ですからね

でもここ10年で、それは本当に変わったんだと思います

麻子

沖縄の煮付けも甘いです。
薩摩統治と関係あるのかしら

修一郎

これはディグりがいのあるテーマだなあーー😄素材というとどうしても野菜や肉とか魚に目がいっちゃうけど調味料で最も根本的な素材

輝彦

サトウキビの産地ということは大きいのでは？と想像します
👍

参加する皆さんがここから歴史が始まっていくんだ。そして、ひとりひとりがそれに携わっているんだ。と、実感できるようなもう一歩。

そういう意味で、この醤油のストーリーはめちゃくちゃ面白いかもしれませんね。

鹿児島の甘口醤油の歴史を通して、気付きと学びを。そして、グッドネイバーズジャンボリーの仲間たちでここから50年先に残したい鹿児島の風景を想像して、それに繋がって行くような醤油を皆なで考えて、ここから作っていく。とか。

♥ 2

輝彦

いいすね！
もういっそのことジャンボリーで醤油造っちゃえ😁w

Harakawa

当に！！！

ジャンボリーから始まるカウンターカルチャー

を醤油で！

麻子

おはようございます。
わたしももうJAMBOREEで醤油を作っていったらと考えてました！！
みんなで作る醤油。

麻子

余談ですが、醤油について色々調べてたら、醤油ネタばかりが出てくる昨今。

輝彦
醤油って造るの難しそうですよね
味噌は皆造るけど、醤油造ってるってあんまり聞いたことないもんな

麻子
ですね。
やはり蔵と一緒に作っていく流れになったら嬉しいですね。

輝彦
乱暴に言えば

味噌＝どぶろく
醤油＝清酒

みたいな感じなんでしょうね
清酒をつくるにはそれなりの技術が必要というか

麻子
ワインと同じように何年もかけて。

参加するって知ることになりますよね。想像と知恵が、ゼロからいつの時代かにスタンダードになっていく。
そのことを地元の方々、参加していく方々が自分ごとになっていく。暮らしになっていく。

♥

輝彦
そしていずれは、そんな本物の醤油を造る動きが地元メーカーにも波及していくといいですよね

サクラカネヨさんとスポンサーだったりするのかな？
最初から巻き込んでいくのもアリだとは思いますが、、🤔
いろいろ難しいかもだけど

麻子
鹿児島にはしょっつるみたいなものはあるのでしょうか？

醤のもともとが魚などを主とするならば、大豆の醤油が出来る前にもしかしたら作られていたのかな、と。

輝彦
‼️
あさこさん素晴らしい指摘😄

麻子
この方がどぶろくに近い醤油が出来るのかもと。

輝彦
魚醤のほうが手っ取り早いですよね

麻子
そうです！
魚いっぱいあるし。

輝彦
穀醤よりも魚醤の歴史の方が古いみたいだし　😊

麻子
そうみたいです。大豆の醤油がほぼ完成されたのは明治時代らしいです。
深夜の醤油テンションにいま笑ってます。。
鹿児島に探せばありそうですね、魚醤。

この会話から、GNJ2021のトークへと繋がっていく……

2021年、GNJにてトークショー開催

前掲のメッセンジャーから繋がった、GNJ2021・GOOD NEIGHBORS
COLLEGEトーク。テーマは「僕たちが好きな、大切な、残したい、鹿
児島の風景や文化」。原川慎一郎、齊藤輝彦、坂口修一郎という3人が
メッセンジャー内で生まれた「鹿児島の甘い醤油」という議題につい
て、もう一度それぞれの考察を述べながら伝えていく機会に。

坂口 齊藤さん、原川さん。よろしくお願いします。僕はジャンボリーを始めて、地元とか地方の文化的なものや生活に古くからのものがすごく生き残っていると改めて感じていて。けれど、古いと思っていたものが意外とそうじゃなかったり、いろいろなものが入り交じっていることも感じてるんですよね。今年のジャンボリーでどんな食事にしようかという相談をメッセンジャーでしていた時にいろんな話が出て、これはちょっと面白いぞということで、みんなにもおすそ分けしようというのが今回の大きなテーマです。九州から東京へ進出して、醤油がしょっぱくて驚いた人がたくさんいると思うんです。鹿児島の醤油ってすごく甘いんですよね。その甘い醤油について、齊藤くんが「鹿児島の醤油が甘いのはいいんだけど、それしかないって不思議なんです」と話してくれて

齊藤 10年やってきてこれからも続けていくってなった時に、ジャンボリーによって、鹿児島の人たちが昨日と変わった、みたいなことがあるといいねって話を慎ちゃんとしてたんですよね。そういうなかで、醤油の話に限らず、地元にいると当たり前すぎて気づかないことっていっぱいあって、外からやってきた人が「ここはこういうことがすごいよね」とか「こういうことって微妙だよね」みたいないろいろな部分があって、それを一個ずつ洗っていけたら良いんじゃないかって。地元の人に気を遣って言わないということが何年もあったんですけど、そろそろ言っていいんじゃないかなって。それで鹿児島の醤油が甘いのがデフォルトなのって、やっぱりちょっとおかしいんじゃな

いかなということを言ったんですよ。甘いことが悪いって言っているんではなくて、歴史の流れでそうなったのかもしれないし、戦後の高度経済成長で人工的に作られたものの力を借りて、新たにおいしいものを作ろうっていうメーカーさんの努力だったり様々なことがあったと思うんです。でももう令和3年ですし、例えばオーガニックな野菜をファーマーズマーケットで買ってきたとして、それを添加物の入った調味料で煮物にするって本当にいいんだろうか、と。やってもいいけれど、それに対して意識的であってほしいなと

坂口 わかって使うのと、何も考えずに使うのとは違うっていう話だよね。それで衝撃を受けまして、調べてみたらですね、鹿児島に無添加の甘い醤油はありません（笑）。なかったんですよ。今日のために予習したんですが、戦争で鹿児島の市街地は90％以上が焼けてしまい、醤油蔵も焼けて。その後、全国区の醤油メーカーが進出してきて、鹿児島の醤油蔵がなくなってしまうのではということになり、それに対抗するために独自路線を取らざるを得ない状況になって、甘くて調理に向いた醤油を開発したという背景みたいです。戦後のこと、僕が生まれた時くらいなんです。1960〜70年くらい。戦前の鹿児島の醤油は甘くなかったってこと。今、慎ちゃんは長崎の雲仙にいるけど、醤油は甘いですか？

原川 甘いですね。僕もジャンボリーに関わるようになって、九州に来始めたので、歴史などはあまり知らない上で、九州の醤油って大昔から甘いもん

なんだろうなと思っていました。戦後産業化されていく中で、それを代用するために添加物が入っていったのかなと思っていたんですよ

齊藤　僕もそう思ってた

坂口　黒糖だってあるわけだし、もともと醤油は甘いもので、それがサッカリンに置き換わったのかなと思いきや、最初からサッカリンだった。めちゃくちゃ最近なんです。齊藤くんが「あれ?」って言ってくれなかったら裏の成分表とか見てなかったです。添加物の全部が悪いというわけではないんですが、添加物なしでは（鹿児島の醤油が）ほぼ存在しないというのは衝撃だった。鹿児島って第一次産業の地域なんで、牛・鶏・豚・野菜・魚ってなんでもあるんですよね。今まで来てくれたシェフも、肉とか魚とかおいしいと言ってくれるし、慎ちゃんが長崎でやってるような活動というかね、種から循環型農業をしているみたいな生産者がいっぱいいるんで、そういう人たちに光を当てることもあるんだけど、調味料って考えたことなかった

原川　僕の価値観でいうと、いい素材といい調味料があれば、料理はよっぽどスベらない限りおかしなことにはならない。それを共有したくて料理をしているんですけど、調味料にはそこまで意外とフォーカスしていなかったというかね、無意識だったという

坂口　塩はね、割と最近はおいしいものも出ているけど、醤油ってあんまり考えたことなかった

齊藤　醤油をそこまで使わないからじゃないかな。ちょっと盲点というか。おかげさまで毎年呼んでもらって、鹿児島に来るようになって今年で10年目くらい。最初に来た時に、きびなごの刺身を醤油で食べたんですけど。おかしいなと、タレかって思うくらいだったので「甘いんだね」と言ったら、「あぁ～やっぱり甘い醤油ダメですか?」って言われて。他の地域からやってきて、甘い醤油をちょっと苦手だと思う人が多いみたいなんです。僕は苦手というか、単純にびっくりし

たんですけど。鹿児島の醤油はこんな感じなんだよと言われて、あぁそうなんだと思いながら一旦持ち帰ったんですよ。それからスーパーとかに行って片っ端から裏の成分表を見て、そういうことか……と。醤油ではなく明らかにタレなんだなと解りました。甘い醤油が嫌いだということを言ってるんじゃない。この甘みは超人工的に作られているものなんだというのをわかっていますか?　と言いたかった。だけどさすがに10年前は言えなかった、ものすごいアウェイだったから

坂口　否定するような感じに聞こえなくもないですもんね

齊藤　そうなんです。それって文化の否定みたいなところがあるから。この味で育ってきた人に対してはなかなか言えないです。これは様子見だなと思いながら、ずっとおなかの中に溜めていたんですけど、今回ジャンボリーの食についてそれぞれが思っていることを物申していくみたいに話をしている中で、そろそろ言ってもいいかなと思って。勇気を出して言ってみたら、坂口さんも乗ってきてくれたから、あぁよかったと嬉しかったです

原川　齊藤さんはある意味、酒場的なスタンスで店をやられてるじゃないですか。僕も酒場はめちゃくちゃ好きなんですが、東京に限らずいろんな地域で居酒屋とか粋な酒場とかに行くと、別にオーガニックとかサステイナブルとかそういう切り口ではないじゃないですか。僕も日本の文化的な素晴らしさが大好きですし、そういう切り口がいいなという前提がそこにある気がして。雲仙では二人で昼から飲んで盛り上がって酒場のよさの話をしたんですけど、だからと言ってなんでもいいわけではないという話になって、それにわくわくしたんですよ

齊藤　僕は飲食店が大好きなんですよ。食が大好きってのはもちろんあるんだけど、飲食店ていうのは食べ物だけじゃなく、飲み物があって、空間があって、接客があって、例えば音楽がかかっていたりとか。どれだけ賑わっているかによっても空気感が違ってきたり。その空間で1、2時間過ごして

お店を出た時に、なんかすごい体験をしたなと、感動することがある。飲食店って総合芸術というか、インスタレーションみたいなものだと思っていて、そういうところが好きなんです。そういう意味で東京の下町の酒場って、インスタレーション度合いが高いなと思っています。例えば小皿に乗った漬け物の大根がオーガニックかどうかはおいておいて、その大根の盛り付けがズバッと潔く美しかったり。それで接客も格好よくて、心打たれるという。今話している醤油の話とか、慎ちゃんがやっている取り組みとかは、皿の上の正しさみたいなものがベースにあると思うんですけど、僕も自分が作るものは気持ち的にはそっちなんですよ。それをあんまり説教臭くなくサラッと出したいなという気持ちがあって。やっぱり小さい頃からずっと『美味しんぼ』を読んでいたのが、自分の考えのベースになっているというか。『美味しんぼ』という漫画は、日本の戦後の高度経済成長の中で、いろいろなものが効率化、産業化されて、それまで味噌やお醤油は酵母など菌のスピードに合わせて作っていたはずなのに、バイオの力がどんどん加速していって、3倍くらいのスピードで発酵させて製品化するようになる。そうすると、当然コストも下がって安くなる。けれど味が痩せるから、それを化学調味料で整える。この背景を鋭く批判的に描いている。ただ、安い調味料があったからこそ、戦後日本が低コストで食卓を整え経済成長してきた歴史もまた事実なわけで。僕はそれを否定するつもりはないんですけど、今自分が使っているものに対してやっぱり自覚的であるべきじゃないかと思っています

坂口 まさにね、『美味しんぼ』第87巻！（笑）鹿児島の醤油はコカ・コーラみたいな作り方をするようです。醤油組合というものがあって、メジャーのナショナルブランドに対抗するために、組合が醤油の原液を作るんです。それを各醤油蔵に配って、それぞれがそこにグルタミン酸とかサッカリンなどを加えて、オリジナルの味にして、あんなにいろいろな銘柄ができているみたいです。砂糖だとああいう感じにならないんですって。サッカリンは、砂糖の200倍の甘みがあるんですよね。そんなことも知らなかった。知らずに使っていまし

た。サッカリンは、一時期は発ガン性があるとか言われていましたが、今はそれがないと言われていて、アメリカや日本で解禁されているんです。簡単・便利・時間短縮みたいな、そういう新しい文化の中で生まれてきた調味料。慎ちゃんのレストランで出している野菜は種から採ってすごく苦労して農薬散布とかのないもので、それに簡単・便利・時間短縮のものを組み合わせるというのは、実は矛盾している話だっていうこと。そこに自覚的であるかどうか、ということだと思う。そこにね、ガーンと来てね。グサッと

原川 この話においてひとつ大事にしたいことは、今日この場は何かを否定する場じゃなくて、時代と多様性はすごく大事。何かが欠けてもいけない。要はバランス。添加物が入った醤油がダメだということではなくて、戦後の状況があってその時は必要だったという過程だと思うんですよね。男だけじゃなく、女の人も働くようになり、共働きになった時、料理する時間もないし、簡単に早くできるものに順応していって、生まれたものだと思うんです。だからその時は必要だったけど、もうね、「ありがとうございました、その時代。両親含め、おじいちゃんおばあちゃん、ありがとう！」という感じで、そろそろ次のフェーズに入ってきましたよねという

齊藤 実は今皆でとても前向きな話をしていて（笑）。ジャンボリー印の醤油ができないかって

坂口 そう。ちょうどいま僕らが話しているこの部屋の隣に資料室があって、この校舎が建てられた頃（昭和初期）に使っていた醤油を作っていた樽があるんです。「手前味噌」という言葉があるじゃないですか？　味噌は自家製だったんですよ。味噌より醤油を作るほうが大変なので工業化が進んだというところもあるみたいなんですけど。大豆はこのジャンボリーでも今日も出しているマルマメン工房の増田さんという素晴らしい農家が無農薬でとてもよい大豆を作っているので、彼の大豆でみんなで味噌を作って仕込んでみたいなと。味噌から醤油ってワンセットじゃないですか、僕も詳しいことはわかってないんですが、たまり醤油と

かね、そこからセットアップしていこうかなぁと。だけど、醤油って時間がかかるんですよね

原川 2年くらいかけたほうがいいんですけど、できなくないと思います

坂口 夜中にメッセンジャーでわーっとこの話をしながら、「よし、みんなで醤油作ろう。来年のジャンボリーは、この醤油と地元の食材でご飯食べよう」みたいなことをやり始めているんだよね

原川 そう、新しい醤油の歴史をね。ジャンボリーの食の部門は、鹿児島市内で「HAY」をやっている林賢太くんが中心となってやってくれていて、今回「マルマメン工房」増田さんの大豆と半日干しの魚をのせた料理を出しているのだけど、内臓が出るから魚醤と大豆で「魚醤醤油」みたいなものができないかなってことも考えてくれていて。せっかくなので、あるものでやりましょうって

坂口 ジャンボリーは、来たことがない人には音楽フェスティバルのように言われるけれど、実際には食もあるし、様々な面白いことがあって、僕らは「文化の地産地消」みたいなことを言っているんです。地元で生まれたもの・当たり前だと思われているものをもう一度見直して、年に1度アップデートするみたいなことを、この集まりをきっかけにできたらいいなと。僕は1971年生まれで、マクドナルドが日本にできて、カップヌードルが発売された年なんですよ。醤油の歴史とシンクロする部分があって。1970年代初頭、右肩上がりの高度経済成長期、オイルショック。それとリンクする食の歴史を、ジャンボリーを通じて気づかせてもらったのが、ここ最近の衝撃だった。これをぜひともみんなにおすそ分けしたいと思ったので、今回話していただきました。醤油の話と並行して、今年からはたくさんの出店ではなく鹿児島の素材を使って何ができるかという話をして、鹿児島の若い生産者と慎ちゃんと麻ちゃん（胃袋の関根麻子さん）と、みんなでレストランを作ったんです。鹿児島の素材を使って、こんな風に料理するんだなっていう料理がまだまだ出てくるので、そういう話をそれぞれのブースでつ

まんでもらえれば

齊藤 さっきプレートを頂きましたけど、すごくいいと思いました。地元のシェフたちからこういうものを作りましょうという案出しがあって、慎ちゃんと麻ちゃんがそこを整えるというか。外からのシェフとの関わり方ってそういう感じがいいんじゃないかなと。その人が全体を回すとめちゃくちゃ大変だし。それよりも、慎ちゃんと麻ちゃんと地元のシェフが絡むというか、ジャズセッションじゃないけれど。そういうほうがお互い刺激になっていいなと思って。あのプレートの感じとかすごくよかったです

原川 自分が九州に移ってきて改めて思うのは、風土みたいなものを表現したいと。九州に限らず全国の様々な地域の人たちが、自分なりにその土地のよさや愛情みたいなものを掘り下げていって表現してくれたら、日本もどんどん豊かになっていくだろうなと。戦後高度経済成長の時代に感謝しつつ、次のフェーズに行くにあたり、それぞれが根ざした土地で豊かになっていくことで日本全体が盛り上がってくれるだろうなという気がしているんです。ジャンボリーはずっと関わってきていて、そういうことが表現できる場だと思うので、鹿児島は鹿児島自身で盛り上がっていってほしいし、そこに参加するいろんな各地の人も刺激を受けて、「俺たちも地元で！」って。そういう盛り上がりができていくと嬉しいなと

坂口 自己肯定感というか、そこに自覚的になるというね。ジャンボリーの会場は、昭和8年っていう戦前の建物なんですが、そこで令和3年のアップデートした食の話ができるというのは僕としてはとても嬉しくて。そろそろ時間なので、このGOOD NEIGHBORS COLLEGEの3限目は終わりにして、残りはそれぞれのブースで舌でそれを感じてほしいと思います。アヒルストアの齊藤輝彦さん、BEARDの原川慎一郎さんありがとうございました！

(2021.10.23)

賢太
シンさん麻子さん斉藤さんありがとうございました！お疲れ様でしたー！

今年のフードチームのチャレンジにご協力してもらってありがとうございましたー🏠ここのスレッドで出てきた疑問やアイデアが形になって結果、沢山のお客さんのお腹を満たすことができましたし、各方面からも満足のご評価の声を聞けました🙏🙏🙏

早速、来年に向けての仕込み(醤油)を本日開始したのでこちら経過報告しますー

❤👍 4

賢太

初日　　　　　2日目

賢太

機械使わずに仕込んでいるので、暖かい日を利用して発酵を促していましたが、ようやく菌糸が、たってきました。

❤ 3

13日目

賢太

坊津の華が、暫く欠品でやっと入ってきたので、これで一旦仕込は完了です！

賢太

長らく更新してませんでしたが、少し液体が沈殿化してきて、蓋を開けると若干の醤油臭がしてきました！

うまくいくか不安ですが、今は何も出来ないのでこのまま見守ります😅

👍❤ 3

輝彦
ドキドキですね🐱
❤

修一郎

左が醤油です。
僕も舐めてみたけどいま薄口醤油という感じだけど旨味があって美味しい！
❤ 3

GNJ終了後もメッセンジャーでのトークは続く

醤油元年

そして2022年の
GNJで……

メッセンジャーで盛り上がった「ジャンボリー醤油」。きっかけとなった会話から約1年の時を経て無事完成。GNJフード担当の林賢太が大切に育ててきた醤油をどう楽しんでもらうのか。胃袋の関根麻子とともに話し合った結果、餅つきをして醤油をつけて食べるという形で、シンプルに味わってもらうことに。

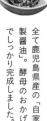

全て鹿児島県産の「自家製醤油」。酵母のおかげでしっかり完成しました。

醤油づくりのきっかけ ｜ 林賢太

醤油を作ってみようと行動したのは、メッセンジャーのやりとりからなのですが、妻が東京出身ということもあり、僕の家庭の中には鹿児島の甘い醤油と東京のしょっぱい醤油が別々にあり、それぞれ使い分けていて。生まれた地域の味覚の違いがあって当然なんだけど同じ料理を食べるのに醤油は別々ということに、なんとなくの疑問を感じていたことも、きっかけの一つかもしれません。

今回作ってみた醤油は、All鹿児島産の素材で仕込み水も川辺の湧水。機械を全く使わない醤油作りがしてみたくて、苦労した部分もありますが、ジャンボリーでふるまえた醤油は、手前味噌（醤油？）ながら、なかなかうまい醤油ができました。

手作り醤油をふるまう中で、「無添加の美味しい醤油探してたの」などの声がすごく多くて、醤油のできが嬉しい反面、僕の返答は、「一緒に作ってみませんか？」

味噌づくりは、母親たちもよく作ってて地元の名人みたいな方がいて、その人に教わりながら、それぞれ持ち帰ってそれが家庭の味になっている。醤油もこれから、そうなっていったら素敵な風景だなと思っています。

きっとその昔は、各家庭に醤油壺があって、その家の味があった。

その風景をまた作れる機会のきっかけになるように、僕もローカルな醤油名人を目指して醤油づくりを続けていこうと思います。

ジャンボリー醤油 ｜ 関根麻子

スレッド雑談より、去年はそんなトークショウも開催された。
そこから「ジャンボリー醤油元年」へとゆるく熱く突入。
県内のシェフでありGNJの食総指揮者でもある林さんが、2021年のGNJ終了と共に鹿児島の大豆、麹、塩だけで醤油を実験として作り始めた、とにかくやってみること。

外野は見守るだけではあるが、林さんは育成変化があるとその都度写真と共に現状を報告してくれる。わたしはそのたびに胸が躍った。時間をかけて育まれていくその様は小さな小さな宇宙のように感じた。遠隔で愛を送ることしかできなかったが、林さんも「僕も側で見守るだけでしたよ」なんてさらりと言う。作為無作為。
そして一年経ち、いよいよ舐められるのである、そのお姿に会えるのである。

前年度の干物ワークショップを行った際に出た魚の内臓部分を利用した「大豆魚醤」。あるもので目一杯やる試み。

醤油にハグをする。香りを嗅いでスプーンでひと垂らし。わたしの中の細胞がぶくぶく湧き喜び、涙腺は緩んだ。美味しいーーーー！と林さんに叫んだ。
大豆の甘さを感じ、梨みたいなフルーティな香り、数ヶ月前は塩味が強かったというが、そんなことはない、さらりとまろやか。そして会場の空を映す美しい赤みがかった琥珀色。
自分で全く作っていないのに、色々な方々に食べてみてー、舐めてみてーと誇らしげに伝える（林さんすみません（笑））それだけ嬉しかったのだ。
醤油をダイレクトに味わえるものとして餅つきを。子どもや大人がつきたての餅に醤油をなぶって食べる。ああ贅沢。
食べた人たちの感想は、自分でも醤油を作ってみたい！というのが圧倒的に多かった。やったね！林さん！
今あるものを否定するのではなく、疑問符を経て知っていくこと、やっていくことが文化を作っていく。選択肢をひとつひとつ増やしていく。振り返ればこんなこと、あんな歴史があったのだなぁと。小さな小さな革命のようであり。
疑問符をじぶんごとにする、そのことをわたし自身もたくさん学べた醤油元年でした。
来年も再来年も。ジャンボリー醤油のこれからが楽しみです。

Chapter

3

僕らの移動祝祭日

GNJはその歩みのなかで多くの人びとを巻き込んで進化してきた。
彼らの声から浮かび上がるコミュニティの祝祭日のかたち。

楽しく続いていく時、根源には
負担なくシェアしあう関係性がある

中原慎一郎   Shinichiro Nakahara

　GOOD NEIGHBORS JAMBOREEの会場である「森の学校」。そこで何か面白いことを企画できたらと模索していた中原慎一郎さん。イベントを立ち上げようと動き出した坂口さんが場所の相談を持ちかけた時、この「森の学校」の話を伝え、そこからGNJと森の学校の縁が始まることになる。場というキッカケと縁をつないだ中原さん。彼にとってのGNJとは？

　「川辺の廃校になった校舎に『森の学校』と名付け、地域住民の為にワークショップなどを開催していた北島さんという方がいて、その方が引っ越すタイミングで、縁があった僕がその住んでいた小屋を譲り受けたんです。その後『森の学校』とは別に、鹿児島に『DWELL』というお店を作ったのですが、そこにものづくりをしながらも売る場所がない作家さんたちが集まり始めて盛り上がってきて。作り手と買い手どちらも、コミュニケーションを求めてすごい勢いでやってくるという空気があったんです。その『DWELL』に訪れた坂口くんも、鹿児島のエネルギーを感じてくれたんだと思う。音楽だけでなく様々なアーティストや作家たちがつながって面白いことが生まれていくようなイベントを鹿児島で作りたいという話をしてくれたので、森の学校という場があることを話しました。学校って集まる場所の最たる存在だから、コンセプトととても合うんじゃないかなぁと」

　それをキッカケに、坂口さんが「森の学校」の地域の人たちと話し合いを深めつつ、GNJの準備が走り出していく。

　「僕はジャンボリーでは前夜祭担当みたいなところがあり、食事の準備からシェフのセットアップ、食器を揃えるというところから動いていました。カリフォルニアで見たロングダイニングという長いテーブルを大勢の人が囲んで食事するスタイルを、日本の森の中でならできると思い、前夜祭で実現したり。泊まりがけで来てくれる人たちへの賄いみたいな気持ちでしたね。前夜祭がなくなった今は、用務員さんみたいなものかなぁ（笑）。人の送迎、穴掘り、トイレ掃除、基本的に何でもやりますよ、好きな人たちの為ならね」

　独り占めすることを避け、何でもできる限りシェアしていくという中原さんの姿勢。そして準備という部分に力を注ぐところ。それは生まれ育った家が仕出しの飲食店だったことが影響していると彼は言う。

PROFILE

中原慎一郎。1971年鹿児島県南さつま市生まれ。鹿児島大学教育学部美術科卒業。ランドスケーププロダクツ・ファウンダー。1997年、中原を中心に結成した「ランドスケーププロダクツ」。1940年〜60年代のモダンデザインをルーツに新しいものづくりを目指す。家具の製造販売、住宅・オフィス・店舗の空間デザイン、直営店展開、エキシビションやイベントのプロデュース・ディレクション、編集／出版、ブランディングと活動範囲を広げ、新たなランドスケープ（風景）作りに取り組んでいる。鹿児島に関する取り組みは、独自の視点で鹿児島を立体的に編集したイベント「さつまもの」、鹿児島県特産品協会のプロジェクト「MIGOTE」、鹿児島県川辺仏壇協同組合のプロジェクト「川辺手練（しゅれん）団」などの監修を務める。

「僕は実家が仕出し屋だったということもあって、セットアップに力を注いで、本番を見届けたらさっとどこかにいってしまうというタイプ。舞台に上がるようなたちじゃないからね、そこに喜びや責任も感じないし。そもそも舞台立ってもつまんないことしか言わないだろうし（笑）。仕出し屋で育つと、兄弟、親戚、下宿しているパートのおばちゃん4〜5人という人が常に多い中で生きてきているので、例えば食事も自分ひとりが食べるということではなく、みんなで食べるという感覚。分け与え合うという感覚が当たり前なんです。だからシェアし合う関係性が僕の中では自然なのだけど、ジャンボリーに関わっている人たちもみんなシェアがうまいなと感じます。自分ができることを見つけて楽しみながらそれぞれが好きにやっているという感じで。僕は、何でも誰かに一方的な負担がかかるということだけは避け、みんなでシェアできるという無理のない形がベストだと思っているんです。だからどんな事柄でもそういう仕組みを作るし、そのバランスが変わらないよう微調整は重ねていきたい。きっとジャンボリーもそういう誰も無理のない形が実現しているからこそ、ここまで続いているんじゃないかと思う。そして、何であれ主催側とお客さん側どちらも楽しくないと続かないと思っていて、そこもクリアしている気がしています。それぞれが、こうしたら面白くなるんじゃないかと自分で考えてどんどん動き出してしまうという。それって楽しんでいるからこその動きだと思うので。ジャンボリーが最初は手探りだったように、何でも実は地道なことから始まっているんですよね。急にジャンプアップしても素晴らしい風景なんて見られないし、地道さを欠いちゃいけないんだと思うんです。小さな変化には全てを変えるかもしれない可能性があって、たとえ時間がかかったとしても、小さな可愛い変化がどんどん起こるほうが楽しいはず。ジャンボリーも10年以上続きながら少しずつ変化を遂げているわけで。僕はせっかちなほうだけれど、そういう小さな変化や成長を見守りながら待てるようになりました」

Interview | 02

地元の当たり前だったこと、新しいことを知ることでその魅力を再発見するキッカケに

川辺ヒロシ   Hiroshi Kawanabe

12年連続 GOOD NEIGHBORS JAMBOREE でDJを担当している、川辺ヒロシさん。彼のDJによって、泣く人、笑う人、踊り出す子どもたち……、GOOD NEIGHBORSという名前そのままの、会場が一体となるムードをいとも簡単に (そう見える) 作り上げる川辺さん。彼にとってのGNJとは?

「話すのはあまり得意じゃないんですけど……だからDJやっているので」と少し困ったように笑いながら現れた川辺さん。彼も鹿児島県出身。だからこそ、ジャンボリーと縁が深いのかと思いきや、実はそうではないとのこと。ジャンボリーとの出会いのキッカケは、しょうぶ学園によるバンド、"otto&orabu"。

「1回目に出演した "otto&orabu" の評判がすごく高くて、各方面からすごいぞと聞いていたんです。僕も興味がわいて見てみたいなと思っていた矢先、出演の依頼をいただいたので、すぐにOKしました。2回目にしては演者や出店も多くて、こんな森の中でちゃんとしたフェスがあるんだなと驚いたのを覚えています。翌年の第3回では自分たちのバンド "TOKYO No.1 SOUL SET" でも出演させてもらったのですが、すごくいいフェスがあるからとスタッフたちには事前に話していたし、実際にみんなすごく楽しんでましたね。そこで初めてアヒルストアでナチュラルワインも飲みました。僕は鹿児島が地元ということもあり、第2、3回の時は両親も見に来てくれて。両親に見てもらえたのは、すごくよかったですね」

鹿児島が地元ではあるが、東京に出たい一心で上京してきたこともあり、地元愛が深いということは全くなかったという。ジャンボリーをきっかけに、鹿児島の様々

な顔を再発見していった。

「ジャンボリーに参加するようになって、ジャンル問わず色々な友達が増えていき『鹿児島に素晴らしい作家がいるんだ』『こんなに美味しいお店があるんだな』と、どんどん再発見していった感じです。若い頃は地元が嫌で東京に出たので、ジャンボリーがなければ鹿児島にこんなに通うこともなかったと思う。今では胸を張って友人たちを地元に連れて行けるようになったし、自分がこんな風に鹿児島案内をする日が来るとは想像もしてなかったですよ (笑)。子どもの頃から身近な "ぢゃんぼ餅" や、ラーメンの "のり一" も、連れて行くとみんなすごく喜んでくれるんですよね。その姿を見て改めて地元が光り輝くというか。当たり前だと思っていたこれがすごいんだ! と気が付かされたり」

最初の出演となった第2回、3回はステージ横のテント、第4、5回はツリーハウスの中腹にあったというDJブース。人数や出店が変わっていく中でDJブースも毎年移動していたそう。

「初めて参加した第2回と第3回は、外で森の中だし、柔らかい優しい感じの音楽を流してまず様子を見ていたのですが、お客さんが結構踊るんですよね (笑)。ナチュラルな雰囲気の方が東京のクラブかっていうくらいに激しく踊っていたりして、第4、5回ではハウスやテクノをかけたんです。そうしたらさらに盛り上がってくれて、みんなが踊っていて。そこに坂口くんが来て涙ぐみながら『こんな光景が見られるとは思わなかった』と。その時のことはすごく覚えています。これでいいんだと思いました。そこで方向性が見えたから、そこからはその方向で思い切りやるだけ。最初はもちろんゲストで来たのでゲスト的な感覚でした。けれど、いつの間にか

内部の人間みたいになっていて（笑）。今ではゲスト選定の相談なども話したり、実行委員側にいるみたいになっています。実行委員たちがまたいいんですよね。本当にみんな素人なので、最初の頃なんて素人がインカムつけて右往左往していて、そういう感じがまた面白くて。素人であろうと、ちゃんとした祭りをやれるんだ！と思ったのを覚えてます」

　最初にジャンボリーに興味をもったきっかけにもなった、"otto&orabu"。第10回までは、彼らとメインアクトの間の橋渡しを担い、この2年はラストステージを担当している川辺さん。

「もうね、最初に"otto&orabu"を見た時は、まじでびっくりしましたよ。こんなにも格好いい楽団がこんなところ（鹿児島）に！　これは世界に届くものだ！　と。毎回ゲストが来るたびに、"otto&orabu"がすごいからねと胸張って伝えていました。音楽性もすごいし、他にはない、あ

の唯一無二感。そしてミニマルだし、それでいてどかんと爆発する感じ。あれには誰もがやられちゃいますよ。この2年は彼らが出演していなかったこともあり、僕がラストステージを務めさせてもらっていましたが、祭りのサイズが小さくなって人数が減っても、盛り上がっている空気感や手応えは全然変わらないんです。あの場所には不思議と、邪気を持っている人、儲けようとしている人とかもいなくて、シンプルというか、ただ楽しみたいという気持ちが集まっている感じはあるんですよね。あの森という場の力もあるのかなぁ。地元の鹿児島にいるんだけれど、鹿児島というより『ジャンボリーにいる』って感覚なんです。フラットでニュートラルなあの森の中に行くことが毎年の楽しみになっていて、2022年は"otto&orabu"が3年ぶりに出演すると聞いて、ますます楽しみです」

PROFILE

川辺ヒロシ。DJ。鹿児島県出身。90年代初頭にTOKYO NO.1 SOUL SETを結成し、94年にメジャー・デビュー。DJ、サウンド・プロダクション担当としてオリジナリティあふれるトラックを生み出す。常にグルーヴ・ミュージック・シーンの第一線で活躍している。

Interview｜03

幸せとは何なのか、考え直すことで
見えたことが"興奮できる場"へと導く

齊藤輝彦　　　　　　　　　　　　　　　　　　　　　Teruhiko Saito

「まずアヒルストアのスケジュールをおさえなければと毎年お店に足を運び
ます」と坂口さんが話すほど、GNJのシンボリックな存在となっている「アヒル
ストア」。第3回に出店するまで、イベントの出張出店はしたことがなかったと
いう齊藤さん。彼にとってのGNJとは?

「毎年8月は夏休みで1ヶ月休んでいたのですが、2012年の春くらいに岡本
(仁)さんから『来年の夏、2～3日鹿児島に来ませんか』とお声がけいただい
たんです。え?　今年じゃなくて来年?　断りようがない……(笑)。その頃は
まだポップアップなどは一般的ではなく、出張して店を出したことはなかった
ので、土地勘がない場所で何かを行う怖さもありましたがお受けしました。鹿
児島でワインを気軽に飲んでもらうというイベントだったのですが、想像以上
に自由な雰囲気でとても気持ちよかった。最後は全員道路で寝ていたりして
(笑)。そのイベントをキッカケに、第3回のジャンボリーから参加することに。
その頃あの会場はまだ携帯の電波もつながらず、日常とは離れた非常に不
自由な山中というプリミティブな環境の中で"otto&orabu"の演奏を見て、胸
を打たれてしまったんです。超前衛的なパフォーマンスであり、俺たちの音を
聞いてくれという魂の叫びみたいなものに衝撃を受けてもう放心状態で。そ
こに川辺さんが平然と一曲目の針を落とすことで、グイッと現代に引き戻して
くれるんですよ。もう衝撃の連続でした」

　2つの音楽がジャンボリーに毎年出店するキッカケとなる。しかしどんどん
規模が大きくなっていく中で毎年の出店に「ルーティン化していく感覚を覚えて
もいたんです」と齊藤さんは言う。

「大きなイベントになるにつれ、僕たちが出店する意味はあるのかな?　と
いう気持ちも芽生えたりもしていて、途中からは鹿児島の友人に年に一度会
える機会という感覚にもなってきていました。手を抜くわけではないけれど、
自分の中にこなす感じが出てきたなぁと。そういう少しモヤッとしたものを抱え
ながら第11回を迎えた時、開催が秋に変わり規模もぐっと小さくなったんです
よね。それが、名前の通りグッドネイバーズたちが来るイベントという感じで、
想像以上にとてもよかった。僕も興奮したし、何よりも坂口さん自身が純粋に
興奮している感じも強く伝わってきて。運営している側が素直に楽しんでいる、

PROFILE

齊藤輝彦（『アヒルストア』店主）
2008年に富ヶ谷で「アヒルスト
ア」を開業。「渋谷のラジオ」での
レギュラー番組『1AM』に出演中
（毎月第1第3金曜14:00-14:55）。企
画・構成・編集もこなすブレイン
グマネージャー。GNJ2020では
『アヒルストア Aug 2019-Mar
2020』原画を展示。

それってすごくいいですよね。コロナというピンチとも捉えられる状況のなか、どう舵取りするのかという部分でアヒルストアとジャンボリーは同じ考え方だったんじゃないかと思うんです。休むという選択はとらず、今の状況を楽しむチャンスだと捉えるということ。飲食店なら客数や回転数、イベントなら来場者数や売り上げ、そこに捉えられてしまいがちですが、実はそういう話は重要ではなくて、机上の空論のような気がしているんです。それよりも"お客さんが楽しいなと感じて押しかけてくるような素敵な空間を作るためにどうしたらいいのか"という根本的な部分が大切なんですよね。コロナ禍という出来事が、そこをもう一度考え直すキッカケになったと思っています。幸せってなんだろうと考える機会。第11回のジャンボリーは、そういう意味で本当に多幸感がありました。バブルとも言えるような状態でこなすしかなくなっていく、そこにぎゅっとブレーキを踏むことが出来た。自分たちの信念は変わらないんだけれど、世の中が変わったことで新たなスクラムを組めた感覚がありました。秋に移ったことで森の学校の夕暮れはひんやりとしていて、そこに川辺さんのエモーショナルな選曲が流れ『今年も頑張ったな』と肩を揉まれているあの感じ。全部の要素が絡まって本当に気持ちがよくて。終わった後、思わず坂口さんと抱き合っちゃいましたもん（笑）　僕の中ではやっぱりジャンボリーはずっとotto&orabuと川辺ヒロシなんですよね。それに、醤油の話（P.82）がキッカケとなって、今までは思うことがあっても言わずにきたことを勇気を出して伝えた時、坂口さんが面白がってくれた。それによってトークや手作り醤油に発展していって。そろそろ古参として物申してもいいのかなぁと思えたし、GNJ自体も僕も試行錯誤していた段階にまた戻った感覚もあって。僕自身もドキドキ出来て楽しめてる。これからもずっと関わっていけたらなと思っています」

［寄稿］

GOOD NEIGHBORS JAMBOREE によせて

岡本 仁　Hitoshi Okamoto

2000年の夏だったかに、当時はマガジンハウスという出版社の社員だったぼくは、雑誌『relax』の「イームズ特集」をつくるために、はじめてロサンゼルスに行きました。ぼくがはじめて「BE A GOOD NEIGHBOR」という言葉を知ったのが、この時です。たまたま泊まったウエスト・ハリウッドにあるホテルの前の道路に、この言葉を書いたステンシルのサインがありました。たぶん、犬の散歩をする人に向けたサインだと思うのですが、日本だと「ここで糞をさせるな」というような文句になるところを、「良き隣人になりましょう」と。相手の人間性を信頼し尊重する言葉だなと思い、すごく感心してしまいました。それで、このサインを憶えておくために、持っていたポラロイドカメラで撮影したのです。

その後、2004年に『relax』でサンフランシスコ特集をつくります。特集はこの街に住む人たちへのインタビューから始まります。有名人ではなく市井の人々へのインタビュー。インタビューを受けてくれた人たちが「ネイバー」とか「ネイバーフッド」という言葉をさかんに使っていて、それでぼくはこの言葉のニュアンスを少しつかめたのかもしれません。さらに、この特集の中で、ポラロイドカメラを使って、〈トリエステ〉というカフェに、ある時間帯に来た客たちのポートレイトを撮らせてもらい、どうしてこのカフェに来るのかについてコメントしてもらいました。この時に、良いネイバーフッドには良いカフェ（コーヒーを飲める場所）が必要だと確信したのです。

2005年くらいだったかな、『BRUTUS』に異動していたぼくは、芝浦に新しくできるマンションのためのタイアップ広告の担当になりました。家を買おうとする時に何がいちばん大切かということを考えてみようというのが、この広告のためにぼくが用意したコンセプトで、「部屋は自分で良くできるけれど、良い隣人に恵まれるためには、われわれは何をすべきか」という考えに沿って展開していく内容です。マンションの建設予定地の隣に、商談用のカフェをつくろうという話になり、そのカフェを「グッド・ネイバーズ・カフェ」と名付けて、内装をランドスケーププロダクツ、つまり中原慎一郎くんにお願いすることになります。そのカフェで使っていたトレイには、「GOOD NEIGHBORS」という焼印が押されていました。

ぼくは2009年にマガジンハウスを辞め、ランドスケーププロダクツに転職します。とはいえ、引き続き雑誌の仕事はフリーランスとして続けていて（入社した時に中原くんが出してくれた条件でした）、『Casa BRUTUS』で不定期ながら連載を持たせてもらいました。カリフォルニアでいま起こっていることをレポートするという内容です。第一回は「エディブル・スクールヤード」。バークレーのレストラン〈シェ・パニース〉のアリス・ウォータースが始めた、公立の中学校の校庭で食べられる野菜を育て、学期の終わりに、それらを使って料理をつくるという教育プログラムです。この連載は後にムックとしてまとめられました。2010年前後のカリフォルニアの新しい（とぼくが感じた）ものが並んでいます。

同じ年の暮れに中原くんから、郵便ポストの前の店〈CHIGO〉という子供服の店をウェブに移して、実店舗を別の店にしようという計画を聞きました。「岡本さん、何かやりたいことはありますか?」と質問され、「コーヒースタンドをつくりましょう」とぼくは即座に答えました。ランドスケーププロダクツに転職してからずっと、自分が何をやるか考えていて、ものをつくる会社の中で、ぼくはカタチのないものをつくろうと思ったのです。つまり、これまでのランドスケーププロダクツは、建物やインテリアはつくっているけれど、カタチのないこと、例

えば「良い隣人に恵まれる環境づくり」みたいなこと
は、まだ本格的に手をつけていないと判断したわけで
す。カリフォルニア取材のために続けてサンフランシス
コに行っていたので、ちょうど〈フォーバレル・コーヒー〉
が出来て話題になり、そこにいた人たちが〈サイトグラ
ス・コーヒー〉の準備を始めていた頃、〈ブルーボトル・
コーヒー〉はオークランドに大きなヘッドクウォーターを
つくったばかりというのを目の当たりにしていました。そ
れに2003年のサンフランシスコ特集で、カフェがネイ
バーフッドに果たす役割というものを見ていたので、と
にかく、この近所の人たちにとって、毎日でも立ち寄り
たくなるコーヒースタンドにするのがいいと思ったわけ
です。この店は、いわば街の句読点だから、コーヒー
の豆や焙煎度や味にうるさい人だけがお客さんではあ
りません。コーヒーが好きということと、コーヒーにつ
いて詳しいとかよく知っているとかは一緒ではありませ
ん。美味しいと感じるものが、どうして美味しいかという
ことを自分で掘り下げたいとは思わない。それは提供
してくれる人が知っていればよいことで、その人を信頼
しているから通っているという人もいるわけです。ぼくも
そういうタイプの客のひとりだと思っています。

このコーヒー店のオープンと、もうひとつ、鹿児島の
案内本をつくるというのが、ぼくがランドスケーププロダ
クツに入社してから最初にやった仕事です。

マガジンハウスを辞める1年くらい前から、ぼくは鹿
児島に繰り返し行くようになっていました。中原くんが
〈DWELL〉というお店をつくり、そこに行ってきたという
友人たちが、口々に鹿児島の楽しさを自慢しだしたの
で、ぼくも中原くんに頼んで鹿児島を案内してもらうこと
にしました。そして、そこで起こったこと、行った店、
親切に案内してくれた人たちのことをブログで書いてい
ました。それをまとめてランドスケーププロダクツが出版
すること（書店取次は通さずに直販に限るという、当時はまったく
主流ではないやり方）を提案して、2010年に完成。鹿児島
で行われた、その発売記念のパーティのDJを務めてく
れたのが坂口修一郎くんです。この時のパーティに集
まった人たちの様子を見たことが、坂口くんが鹿児島で
音楽を中心にしたイヴェントをやろうと思うきっかけのひ
とつだったと、後になって聞きました。そういえば、こ
の本『ぼくの鹿児島案内。』の表紙には、サブタイトル
として「BE A GOOD NEIGHBOR」という文字が小さく

印刷されているのです。

しばらくして、坂口くんから相談があるという連絡をも
らいました。例のイヴェントが実現できる。会場は中原く
んが借りていた家がある、川辺〈森の学校〉の校庭。
ついてはイヴェントの名前を考えてほしいと言うので
す。フェスティバルという言葉は使いたくないというの
が坂口くんの希望でした。それで、グッドネイバーズが
集まって一日を楽しむ集まりというつもりで「グッドネイ
バーズ・ジャンボリーがいいんじゃない？」と提案し、
あっさりそれに決まりました。

ところで、グッドネイバーズって何だろう？　規則によっ
て集団の秩序を保つ、あるいは目的をかなえるのでは
なく、ひとりひとりがお互いの自由を認め合い、でも、
自由だけでは集団として機能しないから、ここは自分が
考える自由を少し控えようと、自分の意思で思うことが
ベースになって、素敵な関係が生まれるというのが、理
想。でも、言葉ではなかなか説明が難しい。どうしても
規則が必要ということになりかねない。そこを、お互い
に自由な個人が、ひとつのいい感じの場所をつくるた
めに、ひとりひとりが考えて、いってみれば「親切心」
のようなものを持ち寄って集まる。それが実現できてい
るイヴェントがあれば、言葉にしていなくても伝わるだろ
う。そう思って続けているのが「グッドネイバーズ・ジャン
ボリー」であるというのがぼくの解釈であり、この名前
を選んだ理由でもあるのです。それぞれの考えを尊重す
るというのが、グッドネイバーズの基本的態度なので、
坂口くんも中原くんも、もしかしたら違うふうに捉えてい
るかもしれないし、違う説明をするかもしれない。でも、大
筋では同じことを考えているのだと信じています。それ
がグッドネイバーズのグッドネイバーズたる所以だから。

PROFILE

岡本仁。1954年、北海道生まれ。『BRUTUS』『relax』
『ku:nel』などの雑誌編集に携わったのち、2009年に
マガジンハウスを退社。現在はランドスケーププロダク
ツに所属し、インテリアショップや飲食店、内装業など
の同社の幅広い事業の中で、カタチのないもの＝コミュ
ニティづくりやコンセプトメイキングを担当している。
2021年、鹿児島県霧島アートの森にて、展覧会「岡
本仁が考える　楽しい編集って何だ？」を開催。主な
著作に『ぼくの鹿児島案内』『また旅。』など。

GNJ MEMBER INTERVIEW

GNJの12年を支えてきたのは、まさにグッドネイバーなメンバーたち。
彼らの目線で語る、祝祭のこれまでとこれから。

GNJと「森の学校」との始まりに立ち会ったあの日々

川畑健一郎 ｜ Kenichiro Kawabata
DWELL

中原 (慎一郎) さんと「森の学校」にかつて建っていた小屋を共同で受け継いだという
「DWELL」の川畑健一郎さん。始まりの始まりを知っている人。彼にとってのGNJとは？
「修さん (坂口修一郎) は高校の先輩。東京で会った時、『東京で色々やってきたことを鹿児
島に還元したい。どこかいい場所ないかなぁ』という話をお聞きして、中原くんと一緒に
『森の学校』のことを伝えました。ただ、地域住民の方々は『森の学校』がこれまでやって
きたことを続けてほしいと期待していたのですが、僕たちはその場所に対してそういう構
想は持っていなかった。そこにやってきた修さんは、地域の方々と話し合いを何度も重ね
て、彼らを納得させてしまった。誰もが楽しく過ごせるように地道に準備を重ねていく姿を
覚えていますし、本当にすごいと思っています。あの土地を譲り受けて、前の持ち主の方
が住んでいた家を解体して、同じ場所にGNJの食堂を建てて。解体も建てることも僕が担
当したので、何だか不思議な気持ちというか縁を感じています。スクラップ＆ビルドという
悪しき現象ではありますが、今ああいう風に使われている様子を見るととても嬉しい。第1
回の時僕はバターナイフ作りのワークショップ、第2回は息子のために作った移動式ボル
ダリング壁を持っていきました。サイズダウンした第11回では、ここでしかできないことに
立ち返ろうという話になり、森の間伐材でスウェーデントーチ作り、第12回には間伐材で
薪割りワークショップを。第1、2回の頃ってこんな感じだったなぁとフラッシュバックする感
じがありました。GNJは、場所は用意するからここでそれぞれ何か持ってきて楽しいことし
たらいいねという一品持ち寄りのポットラックパーティみたいな感じがあって、垣根なくみん
なが楽しんでいる。そこがとても面白いと思っています」

ルールはなくてもフォローはある、それがGNJという場

黒瀬優佳 ｜ **Yuka Kurose**

BAGN Inc. コミュニケーションディレクター

福岡に勤めていた当時、酔いに任せて新幹線に飛び乗りGNJに遊びに行ったのが、第4回の時。その後、BAGNに転職し、第6回には運営側にまわっていたという黒瀬優佳さん。彼女にとってのGNJとは?

「仕事ですでに面識のあった坂口さん、中原さんが同郷の人であり、更にこんなお祭りが地元の鹿児島であったんだと驚いたのを覚えています。GNJは、BE A GOOD NEIGHBORSという言葉が作用しているのか、自分優先ではなくその場にいる人たちが気持ちよく過ごせるようにという配慮とリスペクトがあると感じています。ルールはなくともフォローはある。みんなで自然と補い合っていく。その基本にコミュニケーションがある。当初は運営マニュアルのないイベントが成立するのだろうか!? なんて心配したりもしていましたが、想像をこえた現場力と、毎年加わる若いパワーに救われました。とはいえ、彼らの為にも必要最低限のマニュアルは作りましたけどね(笑)」

ダウンサイジングなど、GNJとは影響を与え合う関係性

飯伏正一郎 ｜ **Shoichiro Ibushi**

RHYTHMOS主宰 デザイナー兼職人

第1回の時、唯一自ら参加を希望したという鹿児島市内のレザーブランド「RHYTHMOS」の飯伏正一郎さん。第2回からワークショップ担当の実行委員として皆勤賞でもある彼にとってのGNJとは?

「直感的、衝動的に動くタイプで、GNJがどんなお祭りになるのか分かっていないうちに自分から修さんに参加したいと連絡しました。僕は自分の変遷とGNJの変遷が重なる部分があるととても感じているんです。第11回の時にGNJはサイズダウンをしますが、僕も自分の仕事で卸しをやめたタイミングで。やりたいことを考えていたのに、規模が大きくなっていくにつれて、考えなければいけないことを考える、みたいになっていってたんです。大きくすることが成功ではなく、それによって足りないものが出てくる。そう考えて卸しを一旦やめたのですが、サイズダウンすることでストレスが減り、お客様と顔の見える関係になれたのはGNJも同じ。GNJとは影響を与え合いながら進んできましたし、これからもそうでありたいと思っています」

CONTRIBUTOR COMMENTS

これまで参加者として、そして時には出演者として会場を訪れた数多くの
GNJファンの皆様に聞いた、GNJへの想い。

YOSHIE NAKANO

はじめて行った鹿児島ジャンボリー。
辿り着いた会場は、タイムスリップしたような
廃校のグランド。
大きな木が一本、すっと伸びた様は
その場所を長く見守る主のように
力強く凛と立っていた。
その周りを吸い寄せられるように
みんなが胸を踊らせ
キラキラと輝いていて、
それを見てとてもワクワクしたのを覚えている。
それから10年経ってコロナ禍の中
行われたジャンボリーに、
1人で弾き語りで呼んでもらった。
人数制限はあれど、イベントに漂う温かさは
変わらない印象を受けた。
会場のその静けさの中に漂う安らぎは、
何か尊い祈りのようにも思えた。
地元の人が地元を愛し地元にしかわからない
やり方で人を招く。
そこには、外物には知り得ない時間が流れて
いて、訪れたわたしたちは温かな歓迎を受け
一瞬にしてその時間軸に巻かれ、
胸を打たれ、持ち帰り、
忘れない風景を心に灯す。
ジャンボリー早12年。
長く続けることはとても大変だけど
気づけば長く続いていることがあって、
それはただ「好き」と言う気持ちだけではなく、
どんどん責務のようなものに変わっていく。

その中で未知を目の当たりにした瞬間に
それでも探求したくなる欲望は
結局「好きだから」という気持ち以外ないの
かもしれない。

はじめてのジャンボリーの帰り道
みんなで見たあの美しい満天の星は
長く長く、暗闇を照らし続ける
祝福の光のようだった。
地元を愛して止まないスタッフが作る
ジャンボリー。
これからも長く長く光り輝いてほしい。

中納良恵（ミュージシャン / エゴ・ラッピン）

TAKUJI AOYAGI

絵本のなかに描かれている
桃源郷のようなフェスティバル
"GOOD NEIGHBORS JAMBOREE"
訪れた人はみんな、
自分の持ち場で何かをやりたくなる
僕はといえば、音楽でそんな桃源郷を描いて
みたいと思うのだ

青柳拓次（音楽家）

YOSHIAKI NISHIMURA

歩いて旅をしていると日が暮れてきて、森の奥の方に灯りが見えた。近づいてみると、あたりの男や女が火のまわりに集まって、話したり笑ったり歌っている。子どもの姿もある。外から眺めていると誰かが気づいて、「どうぞ」と席をつめてくれる。渡された食べ物が美味しい。「どこから?」と訊いてくれたので答えるが、そんなには興味ないみたいで、とにかく自分たちの時間を楽しんでいる。そこに居合わせている。私にとって、いい旅先や、いい地域というのはそんな感じ。全員がこっち向いて待ち構えているような場所は苦手で、関係人口なんて文字が踊っていたら踵(きびす)を返すな。GNJは、森の焚き火になったね———。

西村佳哲 (プランニングディレクター)

RYO OKAMOTO

エンターテインメントを楽しませるために人をたくさん呼ぶ時代は終わろうとしている。GNJは、鹿児島のクリエイターが集まって工夫することを楽しみ、その仲間同士が楽しむ時間がたっぷりある。楽しみながらやるから余計なものをたくさん作って余計なことをする。その個性にさそわれて県外の関係者がGNJに関わりにくる。そうすると仲間がここで再会し、楽しむことでさらに空気感を作る。それがGNJのバイブス。本当に楽しむなら、エンタメを消費しにくるのではなく、作り手であり、消費者でありたい。「GOOD NEIGHBORS=よき隣人」「GOOD NEIGHBORS JAMBOREE=よき隣人の祭典」まさにそのとおり。秋の夜、仲間と焚き火をかこみながら酒を飲み、明くる日、会場で働き、客をもてなす喜びはとくべつです。

岡本亮 (現代美術家)

AKIRA MINAGAWA

GOOD NEIGHBORS JAMBOREEへ初めて訪れたのはいつだっただろうか。楽しいことは昔のようにもつい最近のようにも感じるものだ。今のところ僕は3回参加しているはずだ。だから常連というわけでもなく、日程が上手く合えば是非行きたいし、行けなかった年は残念な気持ちでその日を過ごすくらいのファンである。そして何のファンかというと色んなイベントや出店が魅力的なこともあるけれど、それにもまして主催者の坂口修一郎さんとそのチームの気持ち良い空気感だ。グッドネイバーというネーミングが表すとおり、良い隣人的な温かさがある。初めての人も気後れせずに仲間に入れる。そして僕はグッドフレンドよりグッドネイバーという響きが、互いに敬意を持ちあっているようで素敵だなと感じている。これはこの執筆のためのお世辞ではなくて坂口さんたちの活動をピタリと表現しているのですごいなぁと思っているのだ。今年とうとう坂口さんは鹿児島に拠点を移してしまった。GOOD NEIGHBORS JAMBOREEへ訪れる人々にとって、益々本当にグッドネイバーになったのだ。きっと今年も楽しいのだろうなぁ。

皆川 明 (ミナ ペルホネン デザイナー)

NORIKO KATO

ここ10年「この日だけは」と、スケジュールを死守し続けているのが"ジャンボリー"。会いたい顔ばかりが集まる日に、家事や仕事が出来る訳なく。通うごとに好きになる鹿児島文化の魅力に触れられる事はもちろんのこと、森の学校だからこその解放感、遊びの中で見つける学び、「幸せ!」を頂くフード、「最高!」と浴びる音楽。開催が近づいてくると、合言葉のように「いつから鹿児島?」と始まるやりとりは楽しいし、終わった瞬間「また来年!」と、隣で涙ぐむ友人の肩を叩くのも恒例の姿。どこまでも平和で優しく、そして何より手作りの温かさ溢れる"ジャンボリー"は、出会って良かった! と心から思える場所となっています。

加藤紀子 (タレント)

SHINICHIRO HARAKAWA

2010年から開催されているグッドネイバーズジャンボリーは今年で12年目になります。

今や鹿児島と同じ陸続きにある九州の長崎は雲仙に拠点を移して2年になる僕は、40年以上種を採りながら在来種という昔ながらのお野菜を育てている農家さん・岩崎政利に強い感銘を受けて、今この地を拠点にしていますが、その岩崎さんは「野菜がその土地に馴染んできたと言えるようになるには先ずは10年その野菜に寄り添って暮らすことだと思います。そしてそこから始まって、漸く見えてくる色々な景色がある」というようなことを仰っています。

このグッドネイバーズジャンボリーが改めてこの活動が鹿児島の人たちを中心にその土地の素晴らしさの気付きや再発見のきっかけとなり、そしてそれが皆さんのその土地での日常の暮らしを豊かにする手がかりとなれるようなものになれば素敵ですね。

これからも長くお付き合いください。

原川慎一郎（BEARDオーナーシェフ）

SUMING

はじめての時、「とにかく鹿児島のすごい辺鄙なところでやっているけど、行ってみる？」と連れていかれたんだけど、行ってみたらそこは全部地元鹿児島のもので成り立っていて、驚きました。音楽だけじゃなく、食べ物のブースも。そこに日本中から人が来ていました。まず、そこにすごく惹かれて。さらに関わっている人、参加している人の年齢層の幅の広さ。音楽フェスって、どうも若い人たちだけのものみたいなところがあるけど、GNJには知的障がいのある方達も子どもも役割があって参加してて、そこに一番感動しました。自分の地元（台湾の台東都蘭部）もすごく田舎で若い人は働きに出てしまって年寄りと子どもしかいないんです。そこで何かイベントをやろうと思っても、そこがネックだと思っていたけど、地元の人が年齢に関係なく楽しめるこんなやり方があるのかと、もう頭がいっぱいになりました。坂口さんの立ち上げの話を聞いていたので、第一回は自分も自腹切ってやって、村の年寄りにバンドを組ませてステージにあげました（笑）。自分のイベントは、コロナで3年止まっていますが、また必ず再開したいと思っています！

Suming（ミュージシャン / 台湾原住民文化継承者）

KEIKO OKAMOTO

野外フェスにそれほど興味がなかった自分が縁がつながり2010年からスタートしたこのイベントへ参加してから音楽、ワークショップ、豊かな食材のフード（大好きなお酒も!）大きな空の下の開放的な空間で身体の中からリズムを取り、心から楽しいと思える経験ができることを知ってしまったので毎年スケジュールを調整して絶対に参加する楽しみのひとつになりました。

そして何よりもゴミの捨て方のシステムが完璧に整っていて誰もがそのマナーをきちっと守って実行していることが素晴らしい。ゴミの捨て方は人間性がうかがえるものだと思っているので、参加しているお客様と主催者の人間性の高さとお行儀の良さを実感させてくれるGOOD NEIGHBORS JAMBOREE。

岡本敬子（服飾ディレクター）

TARO HIRANO

文化祭の準備が遅くなって日が暮れてしまう。
いつもの学校とは少し空気が違う。
少し気分が盛り上がっていて、自由を感じる。
いつも乗るバスはパスして歩いて帰る。
このお祭りもそんな感じです。

平野太呂（写真家）

YUKA AOKI

手を替え品を替え、理由を作っては台湾から何度も押しかけています。台湾からアーティストを連れてライブさせてもらったり、今のように日本で流行る前に、台湾の電鍋の実演トークショーもしました。山の中のフェスで、家電の使用説明をするという。また講堂が畳敷だから聴き手は、グダグダしてるという。出店したこともあって、タピオカミルクティーが流行る前の年に売ったら惨敗。得体の知れないものを売ったんだから仕方ない。最後に牛乳70本をあげて帰ってきましたが、あれも楽しい思い出。なんなんでしょう。ジャンボリーは毎回参加しないと損した気分になる。クセになるものがあります。

青木由香 (エッセイスト / 台湾一人観光局局長)

YUMIKO SAKUMA

祭りの楽しさを言葉で表現しようとするのは野暮なことだ。どんな言葉を使っても「GOOD NEIGHBORS JAMBOREE」の楽しさを余すところなく伝えることはできない。だから「とにかく行ってみてよ」と言うしかない。もう何年も前、坂口さんが「とにかく見に来てよ」と〈otto&orabu〉のライブをだしに、誘ってくれた時のように。コロナ禍がやってきて、自分と鹿児島の距離が少し開いてしまったように感じるけれど、あの日、あの時、体験したユーフォリアはまだ自分の心と体の中にある。

佐久間裕美子 (文筆家)

JEFFREY IRISH

大きな楠と古い木造校舎が見守るなか、遠くから近くから多くの人がやってきて、ちょっとしたコミュニティができて、さらに世界は広くなり、刺激に満ちた出会いと再会が繰り返されるジャンボリー。雨が大量に降った年は泥んこの中で踊り、少しだけウッドストックに参加した気分だった。ある秋の青空の下で、岡本さんが誰かの思い出のコンサートの話を聞きだしている年は、中学生だった自分がボブ・ディランとザ・バンドのコンサートに行った時の情景が鮮やかに頭を横切った。ジャンボリーに参加すると森の学校が外の世界とつながっていると感じる。ジャンボリーから生まれた縁で、いつの間にか、人や風土に恵まれたここ川辺町の活動に思いを寄せる人が増え、ここの生活がより豊かなものになっていると感じる。坂口さんや彼の仲間たちが新たな可能性を切り開いてくれたおかげで、私も地域により深く関われる喜びを共感している。これからの展開がとても楽しみだ。

Jeffrey Irish (友人 / 活動仲間)

SHINGO WAKAGI

岡本仁さんに鹿児島を紹介してもらった時に坂口さんとの出会いがあって、そこからあれよあれよという間に鹿児島熱に侵されてしまった。2013年のジャンボリーでは台湾からスミンも呼んでさらに鹿児島フィーバーがアジアにも広がっていった。その年の11月に浜松のBOOKS AND PRINTSと鹿児島のグッドネイバーズをオンラインでつないで「勝手に姉妹都市宣言」もしてしまった。そして翌年にはなんと鹿児島のクラフトの作家たちが集まって浜松でマーケットまで開いてくれた。今思うとあの時の盛り上がりがこの10年の浜松のカルチャームーブメントを支えてきたと思う。自分の町を外に知らせるためには坂口さんたち鹿児島勢が教えてくれたフロンティア精神と「優しいもうひと押し」が必要だとしみじみ思う。

若木信吾 (写真家)

Chapter

4

よき隣人たちの
これまでとこれから

過去から未来へ。GNJのネットワークから、
フェスティバルをこえて広がるさまざまな風景を俯瞰する。

リバーバンクという新しい未来への歩み

大分・熊本の震災から OK PROJECT へ

　GNJはビジョンや価値観を共有する人たちの居場所を作ろうとして始まった活動です。そもそも地域おこしというような文脈とは関係ありませんでした。そうしたこともあって全国からGNJに集まる人たちのビジョン型のコミュニティと、森の学校周辺の地域の人たちや地元役場などのレガシー型のコミュニティとのつながりは数年経っても限定的なものでした。僕らは年に一度だけ森の学校をお借りしていただけで、地元の人たちからすれば自分たちの生活にはあまり関係ないイベントという意識だったと思います。しかし、初回のGNJから6年ほど経ったころ、僕らが本格的に地域と向き合わざるを得ない出来事が起きました。それは2016年4月に九州で起きた大規模な震災の影響によるものでした。

　全国から参加者が集まるGNJには、震源地だった大分と熊本にも多くのつながりがありました。鹿児島の市内はほとんど被害がなかったので、被災の最初のフェーズですぐに物資を運ぶ活動をスタート。高速道路も国道も被災して麻痺していましたが、鹿児島と熊本の県境である長島から天草を結ぶフェリーだけは通常どおり動いていたので、そのルートでかなりの支援物資を運びました。報道もされていなかったその情報は長島と天草からGNJに協力してくれるメンバーからのリアルタイムなSNSなどの発信で知りました。

　震災からすこし時間が過ぎても余震は続き、ショップやギャラリーなどスモールビジネスを営んでいる友人たちは行政の支援も届かず困っていました。そこで東京・渋谷で〈OKマーケット〉というイベントをGNJメンバーで企画して開催（OKはOita+Kumamotoの頭文字から）。他にも東日本大震災を経験した東北と九州の人たちをつなぐオンラインイベントで復興時に必要になる情報も集めました。震災の影響が落ち着いてきたフェーズになると今度は被災地域に外の人を呼び込むため、GNJ参加アーティストと一緒に被災地支援の音楽イベント〈OKミュージックキャラバン〉を企画。大分の由布院～別府と熊本市内でライブイベントを開催して被災地から情報を発信しました。一連の活動はクラウドファンディングで資金を集めて実施することに。

大分熊本の隣人のために集まろう

　この時ほどGNJを続けて広がったネットワークの力を実感したことはありませんでした。自然災害はいつどこで起きるかわかりません。そんな時でもその地域に顔の見える友人がいれば、支援という言葉の前に体が動き助け合うはずです。それでも、自分ごとになりづらい離れた土地の災害の記憶は次から次に押し寄せる新しいニュースに流され忘れられ

てしまう。それで2016年のGNJはいつもの「鹿児島の美しい一日（A BEAUTIFUL DAY IN KAGOSHIMA）」というタグラインではなく、「大分・熊本の隣人のために集まろう（GATHERING FOR THE NEIGHBORS OF KUMAMOTO & OITA）」という言葉を掲げて開催しました。GNJでも天草の活版印刷所でポスターを刷って支援のために販売したり、熊本・大分の人たちとコラボレーションしたワークショップを企画。グッドネイバーズ・カレッジではGNJに集まった人たちに自分たちの隣人が直面している現実をシェアする活動も行いました。

森の学校存続の危機

　この震災は鹿児島に直接的な被害があったわけではありませんが、間接的に川辺の森の学校にも大きな影響を及ぼすことになりました。耐震補強ができないほど老朽化した木造校舎の維持に対して地元自治体に懸念が生まれ、森の学校の校舎を解体するという決定がなされたのです。問題はそれだけではありませんでした。ただでさえ人口減少の過疎化に悩む地域。建物の維持も地元のボランタリーな活動に頼っていた廃校です。取り壊すとなるとそれだけでかなりの予算が必要になります。その後活用する当てもない場所にそんな予算はかけられない。敷地全体を閉鎖してあとは朽ちていくに任せるほかないだろうという話でした。実際に閉鎖ということになれば森に囲まれた気持ちの良い校庭も、シンボルであるあの大きな楠の木にすらアクセスできなくなってしまいます。

　その一報を受けてGNJは他の会場に移すかどうかという議論を重ねました。しかし、GNJはこの学校があったからこそ他にない形になってきた。他の場所でいままで培ってきた空気を再現できるとは思えませんでした。ただでさえ高温多湿な鹿児島では木造の古い建物は残りづらい。空襲がひどかったこともあって戦前の建築もあまり残っていません。歴史のある貴重な資源は一度壊してしまえば二度と作り直すことはできないのです。古いものをなにもかも残すべきとは思いませんが、この学校が朽ちていくのをただ指をくわえて見ていることはできないと思いました。

　そこでGNJとしてもこれまでもこの廃校を運営してきた地元の人たちと話し合いを始めることに。地元には老朽化した建物はこの機会に解体したほうが良いという意見もありましたが、何度も地元自治会の会合に足を運び対話を重ね、森の学校の校舎の貴重さなどを地域の人たちにも訴え続けました。

　最終的には、「運営者として手を挙げた人も出てきたことだし壊すのはいつでもできるのだから、ひとまずは地域の資源として再生してみよう」ということに。そしてGNJを運営してきた僕らと地域の人たちで一緒に任意団体を作って保存していく方向性が決まりました。これまで川辺という地域と森の学校へは自分たちのフェスティバルの会場として関わっていただけで、基本的に意識は外に向いていました。この時はじめ

て僕らはこの廃校に真正面から向き合うことになったのです。こうして年間を通して森の学校に関わる保存活動が動き出します。その結果ひとつの廃校の建物の保存だけでなく、全国のこうした地域がかかえる課題にも直面することになりました。

廃校問題に向き合う

　今、全国で廃校になる小中高校は年間500校ほど。単純に計算すると毎日1日も休まず1校以上がなくなっているということになります。これは今に始まったことではなく昭和の終わりから平成〜令和を通じて一貫して続いています。森の学校（旧長谷小学校）は平成初期に廃校になっているので、かなり早い時期に人口減少の引き波でなくなった小学校でした。廃校後20年ほどして僕らはこの場所に出会っています。

　GNJとしてはただそこに美しい環境が残されていたから、その場を借りて自分たちが楽しくすごせる居場所を作ろうとしてきただけです。しかし取り壊しの決定を前にして、自分たちの活動はこれまでお世話になったこの学校を維持してきてくれた地域に、何かお返しできることがあるのか、ということを突きつけられました。外から時々やってくる自分たちだけが居心地がよいという事では不十分なんじゃないか、とは感じていたものの、僕らがやってきたことはこの地域の人たちにとってなんのメリットもない。意味のないことだったんじゃないかという自問が続きました。

　とにかく取り壊しの決定を止めこの場を維持するにはどうしたものか。この場所が年に数回使われるというだけではなく、近隣の集落を含めさまざまな人たちを巻き込むことが必要だと思いました。ひとことで言えばいわゆる地域の活性化です。しかし、どうやったらそんなことができるのか。まちおこしや地方創生という言葉は頻繁に耳にするようになっていましたが、具体的にはそれはどういうことなのか。それまではあまり切実に考えたこともありませんでした。

　地方創生の定義を引いてみると、「東京一極集中を是正し地方の人口減少に歯止めをかけ、日本全体の活力をあげることを目的とした政策」（出典元：まち・ひと・しごと創生「長期ビジョン」）とありました。地域の価値を長期的に向上させることによって、地域へのお金の流入を増加、経済を活性化させること、およびそのために行われる施策。しかし、ここは周りに人家すらない山の中の廃校です。年に1回僕らがここでフェスティバルを開催してもお金を落とすお店もありません。僕らにはどうも政府が定義しているような活性化は無理そうでした。

　そんな頃、日本の民俗の研究者であるジェフリー・S・アイリッシュさんとの出会いがありました。彼は森の学校の近くの集落にカリフォルニアから移住してきて20年ほど暮らしていた。彼がこの地域に関わりながらその生活を見つめて書いた『幸せに暮らす集落』（南方新社）という本を読み、その一節に頬を打たれるような衝撃を受けたのです。

　そこには、「地域を活性化しようとして躍起になるのは、人工呼吸器をつけて寿命を引き延ばそうとするように不自然なこと」だと書かれていました。人間に寿命があるように村や集落にも寿命がある。大切なのは、滅びゆく村をポジティブに受け入れながら、お互い助け合い結の心を持って明るく幸せに暮らすこと。それをこの地域の人たちのあり方から学んだと書いてありました。

　人は二度亡くなると言います。一度目は肉体が滅びた時。二度目はその人のことを記憶している人が誰もいなくなった時。そこで本当の死を迎える。これは地域でも同じではないでしょうか。そう考えた時に僕らにできることのひとつは、この地域の暮らしの風景を外の人が長く記憶に留めること。それを手助けすることではないかと考えるようになりました。

　今、森の学校にやって来て遊んでいるちいさな子どもたちの中には22世紀まで生きる人もいるでしょう。その子どもたちへ地域の記憶を残す。この地域には今も薪のお風呂や薪窯を大切に使っている元気な人たちがいます。そんな20世紀のシンプルな暮らしの記憶のバトンを渡す。最初は偶然だったかもしれないけれど、僕らはこの場所に出会い、何年もの間ここで楽しい思いをさせてもらっています。それはこの地の暮らしをつないできた人たちからのギフトです。それは未来を作る子どもたちに受け継ぐべきだろうと思いました。

　ここで体験する地域内外の人たちとの楽しい思い出は彼らの中に残ります。そうすればこの村の暮らしの記憶がなくなることはない。そのことはいま地域に暮らす人々の心の幸せにつながるのではないか。活性化と言っても経済的なものさしだけではなく、身の丈の幸せというものさしもある。そこに、この地域にとっての僕らが関わる意味を見つけられるかもしれない。そう思うようになりました。僕らに大げさなことはできませんが、少なくとも地域の暮らしの記憶をつなぐお手伝いはできそうです。この地域に人々の意識の流れを作ることでインフラの衰退の流れを緩め、静かな暮らしを求める人がいる限り持続させることができるかもしれない。森の学校の保存という活動はそのひとつのシンボルになるのではないだろうか。

　このことを文章にも書いてあちこちに送り、森の学校の閉鎖を止めてもらう協力を求めるためさまざまな場で話すように。それは新聞や地方のマスコミにも取り上げられることになり、いろいろな人から応援の連絡をもらうようになりました。その中に報道を見た地元役場の若い行政職員の方がいました。「この活動を本気で考えているのだったら役場のほうでも支援できるかもしれません」。彼の言葉には僕らもかなり驚きました。取り壊しや閉鎖を決めたのは役場でしたが、本気で考えているのであれば今度はそれを一緒に再生しようと提案があったのです。

　この時点まで僕は、取り壊しだけが止められればいい、くらいに考えていました。クラウドファンディングで数百万円集めて、最低限維持す

るだけの予算があればとりあえず何とかなるだろうという感覚。しかし、彼の提案は一緒に国の交付金を獲得して根本的に再生しようというものでした。規模は1億円を超えていました。

　初めてのことばかりでそんなことが本当にできるのかわかりませんでした。しかし小さな学校とはいえ手をかけようとすればいくらでもコストがかかることも同時に見えてきていました。声を挙げた以上やれるかどうか考える前に、チャレンジしてみようと団体内で話し合い、それからはひたすら地元自治会などの調整を続けました。彼と一緒に年末年始返上で企画書を仕上げ、提出した後はじりじりしながら採択の発表を待つ日々。伝えられていた予定よりかなり遅れて交付金の採択がなされたという発表があったのは2018年の3月末日のこと。それを受けて地域の人たちと作っていた任意団体を一般社団法人リバーバンクとして登記しました。

　GNJというビジョン型のコミュニティと地元自治会のようなレガシー型のコミュニティは、森の学校を再生するという共通の目的を持ったことから、両方が手を組んでリバーバンクという第3のコミュニティを作ることになりました。GNJの開催がきっかけで関わりが始まった川辺という町に、地元の人々と自治体を巻き込んで地域資源を磨き、日々の暮らしの選択肢を作るという新しい活動が始まったのです。

一般社団法人リバーバンクについて [→p120]

一般社団法人リバーバンクとその活動

GNJ実行委員のメンバーと地域の方々が発起人となって、南九州市川辺高田地区（森の学校の周辺地域）を中心に地域の活性を目的として立ち上がった法人。リバーバンクという名称は古くからこの地に馴染んでいる川辺という地名を違った視点で眺めるという意図で英語に直訳したもの。初代の代表理事はGNJ実行委員会代表である坂口が務めている。旧長谷小学校が1990年に廃校になった後、ずっとこの廃校を維持管理してきた地元の卒業生のメンバーを中心にした発起人と、GNJ実行委員会からも数名が参加して発足した。地域資源の再生と利活用を目標に、旧長谷小学校の再生、地域の空き家再生と移住者の受け入れや地域に眠る資源の再生を目指している。活動のテーマは、「地域に暮らしの選択肢を作る」。若い世代は地域の先輩たちに学び、先輩たちも今の人たちから学ぶ。未来は予測するものではなく適応するもの、ということでみんなで決めたタグラインは「昔をまなぶ、今をまなぶ、未来のことはわからない！」。

RIVERBANK

KAWANABE KAGOSHIMA
JAPAN

リバーバンク森の学校

地元自治体とリバーバンクが内閣府の地方創生推進交付金を申請し、2018年から地元工務店や大工に加え、地元の子どもたちを含むのべ200名にのぼるボランティアにも参加してもらい、廃校舎をリノベーションした。現在はもともと行われていた地域の収穫祭やGNJの会場としてだけではなく、通年でキャンプや企業、学生の合宿を受け入れ、夏季は小中学生の子どもたちを集めたサマーキャンプなどの活動が行われる。これらの複合的な自然体験活動をリバーバンクが主体となって運営している。

森の学校校舎の再生

森の学校に1933年（昭和8年）に建てられた木造校舎は、使いながら保存する「動態保存」と「リ・ハビリテーション（本来あるべき状態への回復）」というコンセプトでかつての佇まいを残すことを心がけて再生。長い歴史の中で新建材を使って補修されていた部分は、昭和の時代に使われていた時の形に戻した。昭和初期の地域の暮らしを体験できるよう、地域の古民家を再生した時に出てきた古い農機具や生活の道具も展示している。同じ校庭内に建っている昭和50年代の鉄筋校舎は新耐震基準を満たしていたため全面的に補修。インフラを整えた上で簡易宿泊所としてコンバージョン。また校庭には食堂棟やガーデンファニチャーを設置し、複合自然体験施設として利用できるように整備した。

2019年｜旧長谷小学校　敷地面積｜10,608m²
木造校舎延床面積｜411.48m²
鉄筋校舎延床面積｜496.5m²

リバーバンクの森

森の学校に隣接する周辺の森は長らく間伐されず、かつて植林された杉が鬱蒼と生い茂る民地だった。これをリバーバンクの地元メンバーが粘り強く地権者と交渉し取得。2020年から地域の林業組合に協力を依頼して開拓を進めた。クラウドファンディングも活用して広く支援を募り、樹上にテントを張って宿泊できるウッドデッキや小屋を常設。森の学校の利用者が日常的に森を散策できる環境を整えた。ウッドデッキは毎年GNJでツリーハウスを作っている高橋素晴を中心にしたチームがボランティアとともに制作。この森を開いた時に間伐した材を主に使い、木材の防腐のための注入剤を使わずに制作している。注入剤を入れた材木は朽ちることがないため、焼却もできず埋設ゴミにしかならない。いつか誰も使わなくなった時には森にかえるように資源の循環に配慮して構築。その分毎年の細かなメンテナンスの手間が発生するが、ボランティアを募り、森の専門家の話を聞くワークショップとセットで塗料を塗り直しメンテナンスするなどの活動も始まっている。また森の再生のためのクラウドファンディングのリターンとしてさまざまな樹種を植樹。数十年後には単一林から多様な種が育つ自然の里山の風景をとりもどす試みも行う。この場所に愛着を持ってきてくれる人を増やし、今まで出会わなかった人が交わる場を作るという活動に広がっている。

リバーバンク・タノカミステーション

地域にサテライトオフィス／コワーキングスペースを作るという南九州市の総合戦略にもとづいて始まった2つ目の廃校舎再生プロジェクト。2020年から1年間自治体とリバーバンクメンバー、地域住民とで作るワーキンググループでテーマやコンセプト、コンテンツを議論して、川辺町の豊富な農産物と名水を最大限活用するべく施設のテーマを農と食にしぼった。その後、中山間地域でのサテライトオフィスの先進地である、徳島県神山町へ行政メンバーと視察旅行を実施。GNJでのつながりもあった神山という地域での学びを経て、こちらのプロジェクトも地方創生推進交付金を取得。森の学校からも近い川辺の町なかに位置する川辺中学校の廃校舎をリノベーションし、2022年4月に開業した。施設は地域の農産物を活用したコミュニティレストランとチャレンジキッチンを中心に、フード／アグリ・テック系の企業が入居するサテライト／コワーキングスペースや、さまざまなイベントに対応する多目的スペースを備えている。レストランの隣にはGNJのフード担当のメンバー林賢太が中心となって、地元産の小麦や湧き水を使用したクラフトビールの工場を立ち上げ、2022年末より生産を開始した。

空き家再生と地域活動

リバーバンクの活動は点で終わる廃校再生だけではない。その先には活動を線から面に広げ、定住人口を維持するという目標もある。そのため希望者が移住できるように空き家の再生も手掛けている。ジェフリー・アイリッシュさんが地元を丹念に歩いて調査し見つけた空き家を年間2〜3棟ずつ再生。2018年以降23年までで約40名の定住につながった。川辺という地名の由来になっているようにこの地域は豊富な水系に囲まれ、美味しい湧き水が豊富。また現在でも仏壇の産地として有名で、その職人が多く暮らす土地でもある。廃校や空き家、地域の資源とそこに集う人たちが連携することで、地域に多様な目的地を作り活動を活発化させている。

おわりに

未来は予測するものではなく、適応するもの。

　2018年に本格的に活動が始まったリバーバンクには、地域外や海外からの移住者を含め新たなメンバーが入ってきて独自の方向に成長し始めています。僕は相変わらず東京と鹿児島市そして南九州市の川辺町という3つの拠点を日々行き来しながらあちこちに出入りすることで、コミュニティの中と外をつなぐような働き方をしています。リバーバンクはこれから川辺という地域により深く濃く入っていくことになると思います。

　2019年の10回の節目にGNJのメンバーの岡本さんと考えたタグラインは、「10 YEARS OF HARMONY（調和の10年）」というものでした。確かにそれまでの10年で様々な世代の人たちを巻き込み調和する風景を一緒に作ることができつつあるというさわり心地はありました。

　現代アーティストのヨーゼフ・ボイスが提唱した〈社会彫刻〉という概念があります。僕は「すべての人間は芸術家である」という彼の言葉と哲学に大きく影響を受けてきました。僕らの活動もフラットな関係性の中、みんなであちらを足したりこちらを削ったり、形をいじったり向きを変えてみたり。「みんなでつくる森の文化祭」と呼んできたGNJはこれからも形のない彫刻のようなものになったらいいと思っています。

　GNJは僕の人生を大きく変えました。自分が最初の旗振り役なのは間違いないのだけど、僕がGNJを作ったというよりGNJが僕を作ってくれました。まだ何の形もなく、何も成しとげていない準備段階から背中を押してくれた人たちがいたから始めることができた。その次はGNJというコミュニティが、アクションを起こしたい人たちの背中を押す存在になれるようにと考えてきました。今では、始めた頃はまだ物心ついたばかりの子どもたちが成長し、企画や運営側に入ってきて同じテーブルで話をしている。そのことが僕らの背中を押してくれています。

　その年のGNJが終わるとまた次の年までの日々が始まります。このコミュニティの移動祝祭日がいつまで続くのかは誰にもわかりません。世界が大きく変わり先行きのわからない未来。この一日を支えている人たちにとってその役割が変われば、自然と形を変えていくのだろうと思います。それはフェスティバルのような形をとるのか、それとも別のものになるのか。そもそも今のような形になったのも偶然の産物です。フェスティバルを作ることが目的ではなく、その先に実現したい世界があったのです。足元にある宝物を見つめ直し、みんなで磨き共有する場を作る。そこに人はなぜ集うのか。旅の中でそれを問い続けてきたのがグッドネイバーズ・ジャンボリーの12年。ここまでみんなで語りついできた物語は、誰に頼まれたわけでもなく始まったコミュニティの小さな実験

の記録です。それがこれから立ち上がろうとしている人々の集いのために何かの手引きになるとしたら、南国の森の中で積み重ねてきたこの試みに新しい意味が生まれるかもしれません。どんな形であれ旅は続きます。だから今日も「また、森の学校で会いましょう」とつぶやいてこの場を閉じようと思います。ありがとうございました。

ARCHIVES

2010 — 2022

2010

8.28 (SAT) ☀
12:00–20:00

かわなべ森の学校

DATE

PLACE

記念すべき初開催。実行委員も来場者も全員がほぼ初見だったしょうぶ学園の otto&orabu が衝撃のデビュー。
ゲスト・アーティストは実行委員長自らの楽団 Double Famous。夜は講堂で映画の上映会を実施。
前日の準備から当日朝まで土砂降りの雨だったが、開場から撤収まではこれ以上ないほどの快晴に恵まれた。

MUSIC

[Live] Double Famous / otto&orabu (しょうぶ学園) / BON DX (from ARTS) / BLACK TAPE / 星屑兄弟 / 猛猿悦子
[DJ] 岡本仁 / 藤川毅 / 奥村朗 / 若松徹幹 / 矢野武 / ミズモトアキラ

WORKSHOPS

RHYTHM / DWELL furniture / edgexedge &158FARM / PandA / ONE KILN / ミッシートントン /
Strange over tones (神山隆二&かざまなおみ) / How to make Butterknife

サクラ島大学オープンキャンパス
・ライブ直前！グッドネイバーズジャンボリーの予習授業 (坂口修一郎 / BON)
・グッドネイバーってなんだ (岡本仁 / 大寺聡)
・あの頃の音楽の授業

INSTALLATION

135 DEGREES FAHRENHEIT

MOVIE

「eatrip」[監督] 野村友里

FOOD & BEVERAGE

LU-CA waffle cafe / マルチェロ / 中原屋 / YANO CAKE TEN MOKU / パラダイス食堂 / BARTORO / GOOD NEIGHBORS STAND /
TEAM "Deer Soul Fes" / ひぃ坊家 / BOTANICA / 鈴の音抽出所 + ヴォアラ珈琲

2011

2回目の開催発表を済ませた3月11日に東日本大震災が発生。日本中でイベントの自粛が続く中、
そういう状況だからこそ開催を決行。クラフトだけではなく、パフォーミング・アーツのワークショップやリラクゼーション、
体験プログラムとしてその後定着する写真のプログラム・キャメラバトンが登場。

MUSIC

[Live] EGO WRAPPIN' / otto&orabu (しょうぶ学園) / ARTS / 木下航志 / コジマサトコ
[DJ] 川辺ヒロシ / 坂口修一郎 / 小柳帝 / 若松徹幹 / 奥村朗 / 矢野武 / 佐原貫太郎 / 曽山祐企

WORKSHOPS

ONE KILN / Araheam / RHYTHM / HummingBird / 三島知美 / ファクトリー17 / PandA / daitie、もりたみき、ふじしまひろし / 渕上印刷 /
江夏潤一 / How to make Butterknife

サクラ島大学オープンキャンパス：
・"フランスの伯父さんが教えてくれること〜楽しさはわき道にあり" (小柳帝、岡本仁、坂口修一郎)
・ポリリズムって何？〜アフリカ音楽の秘密にせまる〜 (サカキマンゴー、坂口修一郎)

SPECIAL PROGRAM

キャメラバトン〈タピオカトンネル〉/ Re:S / Strange Over Tones / 鹿児島美人計画 / valetta森の美容室

PERFORMING ARTS

ほうほう堂 / K@ITO

INSTALLATION

135 degrees Fahrenheit / u2sayme 空蝉

RELAXATION

ノマディック・ボディ・ワーク (Touch for World)

FOOD & BEVERAGE

GOOD NEIGHBORs / オルノ食堂 / パラダイス食堂 / waffle Cafe LU-CA / Treduno CAFE & GARDEN / 中原屋 / TEAM DEER SOUL
FES / marcello caffè trattoria / NOCE / 芥 / FELICE / YARD / FOOD&DRINK Crème / イタリアンジェラート CLOVER / 鈴の音抽出所 /
小正醸造 / 大和桜酒造 / 丁子屋 / fam / CREEKS. / waranayaCafe / BARTORO

MARKET PLACE

しょうぶ学園 / ASH Satsuma design&craft fair / つばめ文庫 / Books Smile and CDs / 特定営利活動法人 Lanka

3rd

2012

グッドネイバーズ・カレッジ特別授業がこの年から始まる。GNJ来場者がその後鹿児島をめぐるための
オリジナルマップ〈ぼくらのジャンボリー案内〉を制作して配布。前夜祭で映画上映とロングダイニングディナーを
初開催し、好評を得て翌年以降のコンテンツとして定着していく。

MUSIC

[Live] TOKYO No.1 SOUL SET / otto&orabu（しょうぶ学園）/ Rant&Rave Steel Orchestra / 渡辺俊美 / SHE TALKS SILENCE / Tags
[DJ] 松浦俊夫 / 坂口修一郎 / BON（ARTS）/ 奥村朗 / 矢野武 / 若松徹幹 / O.L.A.F / 池田宏利

GOOD NEIGHBORS COLLEGE

#1　動画版『ぼくらのジャンボリー案内』をつくろう＿＿ムービーにおける編集とは何か＿＿〈若木信吾／森本菜穂子〉
#2　風土に根ざした建築〈中村好文〉

WORKSHOPS

カタルタワークショップ by メドラボ / 渕上印刷 / OneKiln / WHYTROPHY / 江夏ジュンイチ / Araheam / 大島紬ワークショップ /
Humming Bird / Lanka / ミッシー・トントン / RHYTHM / PandA / Factory17 / やまさき薫 / 上原かなえ（サルビア工房）

SPECIAL PROGRAM

キャメラバトン by タピオカトンネル
Strange Over Tones（ライブシルクスクリーン）by 神山龍二 、かざまなおみ / Touch for World Manager SHIHO / valetta / GNJオープニン
グドラムサークル / Thank You, Kawanabe！（ごみゼロブース）by サクラ島大学

INSTALLATION

135 degrees Fahrenheit / u2sayme 空蝉

PERFORMING ARTS

「親子どん！びしゃ！ダンス」〈康本雅子〉

FOOD & BEVERAGE

ゆるり食堂 / 長谷ふるさと村 / こやす / かごの島食堂 / GOOD NEIGHBORs / なかはらや / 216 JUNCTION STORE / ブラザー K / なびか農
園 / 寿山 / CREEKS. / O-kitchen / fam / Araheam / Deer Soul Fes / かごしま炭火焼肉 ケムリ / パラダイス食堂 / 玖子貴 / Fructus /
coffeeinnovate / 洋風居酒屋 bocca / BARTORO / FELICE / アヒルストア / 大和桜酒造 / Bettola Casa Classica / イタリアンジェラート
CLOVER / L'ORO DI NAPOLI / Tas Yard / TRATTORIA Campania / オルノ食堂 / すすむ屋茶店 / 小正醸造 / 丁子屋

MARKET PLACE

吉村醸造 / 日田リベルテ / la bosco / 山下商店 / つばめ文庫 / sita / Lanka / しょうぶ学園 / BOOKS SMILE and CDs / グッドネイバーズオ
フィシャルショップ / ash Satsuma Design&Craft Shop

EVE

人生はビギナーズ上映会　[Food Director] 吉原さとみ（パラダイス食堂）

2013

8.31 (SAT)
11:00–21:00

DATE

かわなべ森の学校

PLACE

直前に台風が直撃、周辺のイベントが軒並み中止になる中で開催。
前夜祭は雷鳴轟く中ヤン富田が登場し伝説の夜となる。GNJ のシンボルとなるツリーハウス、みんなが主役のグッドネイバーズ・
マーチングバンドやドラムサークルが初登場。地域のごみ処理のプロセスに学んだ GNJ のごみステーションが始まる。
初の海外アーティストとして台湾からスミンが登場。後夜祭として鹿児島市内で DJ パーティも開催した。

MUSIC

[Live] ハナレグミ / otto&orabu (しょうぶ学園) / スミン (Suming) / SAKAKI MANGO & LIMBA TRAIN SOUND SYSTEM / dew

[DJ] 川辺ヒロシ / 松浦俊夫 / 奥村朗 (GADGET) / 矢野武 (YANO CAKE TEN MOKU) / 若松徹幹 / 池田宏利 (valuecreation/Deer Soul Fes)

GOOD NEIGHBORS COLLEGE

#1 「ぼくらのホームタウン案内をつくろう」総集編〈若木信吾 / 森本菜穂子〉

#2 身体感覚をひらこう〈JOU / 松本充明〉

#3 「こころから楽しむ台湾原住民の音楽講座」〈青木由香 / スミン〉

WORKSHOPS

メモ帳づくりワークショップ (渕上印刷) / mt で遊ぼう！ (mt) / プラバンストラップをつくろう！ / オーナメント作り (One Kiln) / 寄せ植えワークショップ (Araheam) / オリジナルジンカップをつくろう！ (アキヒロジン) / リボンのくんしょうロゼット (Whytrophy) / 手作りキャンドルワークショップ (LANKA) / タッセルキーリング作りワークショップ (RHYTHM) / 苔玉作り (saku) /Humming Bird / 陶芸ろくろ体験 (FACTORY17) / 刻印を打つコードブレス作り (ホダテユウコ) / シルクスクリーンワークショップ (やまさき薫) / DanballHouse ワークショップ (PandA) / 真鍮スプーンをつくる (Lue) / ストラップ作り (PAPERSKY & mammoth × OJAGA DESIGN)

SPECIAL PROGRAM

グッドネイバーズ・マーチングバンド / GNJ オープニングドラムサークル (森田孝一郎) / HM カホンワークショップ / みんなでつくるカタルタ・ノベル (石原美紅 / 福元和人) / ツリーハウス (高橋素晴) / ジャンボリーのステージを飾る “デコレーションワークショップ” (江夏潤一) / GNJ プレイベント「キャメラバトン写真展」/ ごみステーション・オープンミーティング (サクラ島大学 / グッドネイバーズジャンボリー実行委員会) / 壁を登ってみよう！/ 青空の下で髪を切ろう。〜髪を失った子供たちへ〜 (valetta) / 森の映画館 (リベルテ)

INSTALLATION	STAGE DECORATION
135 degrees Fahrenheit	江夏潤一 (イラストレーター)

RELAXATION

ノマディック・ボディ・ワーク

FOOD & BEVERAGE

アヒルストア / RIRAKU / 玖子貴 / GOOD NEIGHBORs/ 旅ベーグル / LESS Higashikawa / fam / 洋風居食屋 bocca / かごの島食堂 / LIBERTY / 大和桜酒造 / 小正醸造 / サクラカネヨ直売所 / voila coffee / 山下商店 / nomado cafe / オルノ食堂 / Canteen cafe / TEAM DEER SOUL FES / 中華食堂バル HAYASHIKOKAEN / 216 JUNCTION STORE / すすむ屋茶店 / イタリアンジェラート CLOVER / SODA FOUNTAIN / TRATTORIA Campania / L'ORO DI NAPOLI / IFNi ROASTING & CO. / Bettola Casa Classica / INDUBITABLY – Pour - 出汁の王国鹿児島 / 餃子でヒーポーゲー / 長谷ふるさと村 / 瀬戸内ハーバーマーケット

MARKET PLACE

サクラカネヨ直売所 / 山下商店 / MHL. / マルヤガーデンズ　ワンデイ・ポップアップストア / 工房しょうぶ / PAPERSKY / 手仕事フォーラム / ESCRIME SHOP / BOOKS SMILE & CDs / つばめ文庫

EVE

[Live] ヤン富田 　[Food Director] 有元くるみ

CLOSING PARTY

松浦俊夫／川辺ヒロシ

2014

8.23 (SAT)
11:00–21:00

DATE

かわなべ森の学校

PLACE

プレイベントとして、ツリーハウスをつくるワークショップを開催。グッドネイバーズ・カレッジはクリエイター×
編集者という新しい試み。BAGN Inc. が発足。前夜祭にGNJ初回のゲストだった
ダブルフェイマスが登場。本祭翌日にアフターイベントとしてグッドネイバーズ・ハイキングクラブとして夏山トレッキングを実施。

MUSIC

[Live] こだま和文 / otto&orabu (しょうぶ学園) / ARTS /
R&R Steel Orchestra / KNICKS / Tonys
[DJ / Music Selecto] Resident DJ 川辺ヒロシ /
dublab.jp 〜 future.roots.radio

GOOD NEIGHBORS COLLEGE

特別授業〜クリエイター×編集者編

#1 森本千絵 / 福森伸 / 岡本仁
#2 岡田利規 / JOU / 兼松佳宏
#3 KIKI / 豊嶋秀樹 / 石田エリ

WORKSHOPS

オリジナルレジャーシートを作ろう (江夏潤一／中原みお) / 着生チランジアをつくろう！(Araheam) / オーナメント作り (ONE KILN) / 切り絵ワークショップ (ミッシー・トントン) / 手作りアロマスプレーワークショップ (Lanka) / リボンのくんしょうロゼット (Whytrophy) / シルクスクリーン・ハンドプリントワークショップ (やまさき薫) / 奄美泥染めワークショップ (金井工芸) / 銅板モビール workshop (studio cloud) / 真鍮のカレースプーンをつくる (Lue) / レザースタンプワークショップ (RHYTHM) / オリジナルのジンカップを作ろう (アキヒロジン) / 真鍮パーツの平編ブレスレット (Humming Bird) / 苔玉・盆栽のワークショップ (saku.Botanicalworks) / 青空刺繍カフェ (MULTIVERSE) / 刻印を打って作るキーホルダー (YUKO HODATE) / Let's make a God's Eye with MUKIMU (ゴッズアイをつくろう) (MUKIMU WORKSHOP) / 川辺焼ろくろ陶芸体験 (ファクトリー17) / 森の中のDanballhouse作り (NPO法人 PandA) / オリジナルのカードスタンドを作ろう！(渕上印刷) / はじめての銀継ぎ教室 (MARUTE) / BIG O PROJECT (カザマナオミ) / ラジオを作るワークショップ (MBCラジオ) / STARBUCKS

SPECIAL PROGRAM

グッドネイバーズ・マーチングバンド with ダブルフェイマス / [CIRCLE VOICE] live, workshop & meditation (Takuji [LITTLE CREATURES、KAMA AINA]) /GNJオープニングドラムサークル (森田孝一郎) / リズムワークショップ (HMカホン) / GOO"DAD" NEIGHBORS KIDS DISCO (GOO"DAD" DJs) / みんなでつくるカタルタ・ノベル (永里関人 / 山下誠一朗 / 福元和人) / こどもガーデンズかわなべ出張所 (マルヤガーデンズ) / キャメラバトン (キャメラディレクターズ) / ジャンボリーのツリーハウスをつくろう！(高橋素晴) / サンタのよめ企画 小人たちの手作り工房 (サンタのよめ) / おしえてはっぱ〜 The Guide to Good Neighbors 〜 / スラックライン / 青空の下で髪を切ろう。〜髪を失った子供たちへ 〜 (valetta)

MOVIE

森の映画館リベルテ 〜ぼくの伯父さんの授業〜
(リベルテ×プチシネマ)

RADIO

GOOD NEIGHBORS RADIO 公開生放送 (MBC南日本放送)
dublab.jp 〜 future.roots.radio

PERFORMING ARTS

コンタクトインプロビゼーション (勝部ちこ / 鹿島聖子)

STAGE DECORATION

中原みお (イラストレーター / デザイナー)

RELAXATION

リラクゼーションマッサージ (ハグモミ) / 森の学校で BABY MASSAGE (藤村 佳絵)

FOOD & BEVERAGE

【Eat Locals 〜地元出店ブース】長谷ふるさと村 / 大和桜酒造 / 小正醸造 / 216 JUNCTION STORE / すすむ屋茶店 / RIRAKU / かごの島食堂 / 中華バル林光華園 / 森のフルーツパーラー / オルノカレー (horno lab.) / オオサゴオリ / casa Vecchio / CLOVER / 玖子貴 / OVNi CAFE-RESTAURANT-BAR / ヒカルヤ / Araheam 【Traveling Food 〜旅するフードステーション】アヒルストア / tasyard / 按田餃子 / Little Nap COFFEE STAND / ecocolo+ミコト屋 / Less / ソーダファウンテン / fam / ノマドカフェ / LIBERTY / TEQUILA & COFFEE KASEDA / MAMA Chil (ママチャイル) / 釜あげうどん くろ

MARKET PLACE

MHL. / マルヤガーデンズ ワンデイポップアップストア / しょうぶ学園 / URBAN RESEARCH DOORS / サクラカネヨ直売所 / SNOW SHOVELING BOOKS & GALLERY / 山下商店 / gift* / つばめ文庫 / NPO法人 ON THE ROAD
ごみステーション (サクラ島大学) / ソーシャルアクション (風力＋太陽光発電 DJブース) (サクラ島大学)

EVE

[Live] Double Famous with 武田カオリ [Food Director] 原川慎一郎

かわなべ森の学校

PLACE

桜島の警戒レベルが４に引き上げられ同日に予定されていた花火大会が中止になるなど、
またも周辺のイベントが軒並み自粛になる中、信頼できる火山学者の意見を元に開催。ボランティアサポーターの公募を開始。
会場からのラジオ生中継、場内こどもアナウンサーが始まる。プレイベントを九州各地で開催。
前夜祭では豚一頭の丸焼きに挑戦。音楽はこの日のために地元ミュージシャンが結成したBBQバンドが担当。

MUSIC

[Live] 大橋トリオ / otto&orabu（しょうぶ学園）/ THE HONEST / カワナベヒロキ / 桜井まみ
[DJ / Music Selector] 川辺ヒロシ / GOOD NEIGHBOR DJs

GOOD NEIGHBORS COLLEGE

#1　勝手に兄弟祭り 〜 Amis Music Festival 台湾×GOOD NEIGHBORS JAMBOREE 鹿児島（スミン、青木由香、坂口修一郎）
#2　いもじぞうトレイル報告（ルーカスBB、中原慎一郎　朗読：加藤紀子）
#3　ぼくらのカリフォルニア案内（城戸雄介、伊集院浩久、岡本仁）

WORKSHOPS

視覚を拡張するカメラワークショップ（大脇理智〈YCAM InterLab〉）/ メディア芸術祭キャラバン隊 〜 アーティストloziと仲間達〜（lozi / 河村陽介）/ HMカホンのリズムワークショップ（浜崎有章〈HMカホン〉）/ 一文を演じる"一文劇" カタルタ・プレイ 〜 makumo編〜（makumo、メドラボ）/ ハグモミワークショップ / リラクゼーションマッサージ（ハグモミ）/ バランスボールワークショップ（朴玲奈／一般社団法人体力メンテナンス協会）/ 真鍮スプーンを作ろう（Lue）/ Summer Arts & Crafts（MUKIMU Workshop）/ シルクスクリーンハンドプリントワークショップ（ヤマコヤ　やまさき薫）/ ゆらゆらモビール workshop（Metal handicraft Studio cloud）/ みつろうクレヨン（Lanka）/ はじめての金継ぎ＜器なおし＞（古道具MARÜTE）/ リボンのくんしょう ロゼット（WHYTROPHY）/ 花かんむり・リストレットをつくろう！（UNITED ARROWS green label relaxing）/ STAMP WORK SHOP（WORK NOT WORK）/ ラジオを作るワークショップ（MBC南日本放送）/ ろくろ陶芸体験（川辺焼窯元 ファクトリー17）/ Re-Dye & Re-Use workshop（金井工芸）/ 森の中のDanballhouse作り（PandA）/ スティール・パンをたたいてみよう！（R&R Steel Orchestra）/ ランタン作り（Happy Energy）/ 森のワークショップ（ash satsuma design & craft fair）/ みんなでつくるグッドネイバーズ・マーチング・バンド（参加希望者）/ ドラムサークルワークショップ（ドラムサークルファシリテーター〈リズム案内人〉／森田孝一郎）/ "コーヒーのある暮らしの楽しさ発見"ワークショップ（Starbucks Coffee）/ "KENDAMA"ワークショップ（BOUNCE）/「空想トリップガイド」（マルヤガーデンズ）/ うちわworkshop（中原みお）

SPECIAL PROGRAM

キャメラバトン（tomovsky*、安藤アンディ）/ 森の美容室 〜ヘアドネーションチャリティーカット〜（valetta）/ GOO"DAD" NEIGHBORS KIDS DISCO（DJ：池田ヒロトシ〈Value Creation〉、Yushi Iwakiri〈KNICKSほか〉）/ スラックライン / 森の写真館

PROJEECT

ピープルズこどもアナウンサー（MBC南日本放送）/ 薩摩川内市スマートハウス / GOOD WORK KAGOSHIMA（主催：鹿児島人材コーディネート協議会〈担当：株式会社マチトビラ〉、協力：鹿児島R不動産〈Nuff Craft株式会社〉）

STAGE DECORATION

篠崎理一郎（イラストレーター /アーティスト）

MOVIE

森の映画館（日田リベルテ・シネマテーク、Petit Cinema）

RADIO

People's 公開生放送（MBC南日本放送）

FOOD & BEVERAGE

ON THE TABLE / 玖子貴 / とどろき酒店 / しょうぶ学園の台所 / オオサゴオリ /casa Vecchio / カリー学研究所 / ひぃ坊家 / 小正醸造 / CLOVER / Pho 321 Noodle bar / すすむ屋茶店 / COFFEE COUNTY / fam / さくらじまジェイコブスパイス / 山角や / ノマドカフェ / かごの島食堂 / 216 / Tawan / BEER STAND "3" by sansa × 301 / 大和桜酒造 / Judd. / アヒルストア / MARIO FARM / GOOD NEIGHBORs / Araheam / citruss SODA STAND / ふくろうのパン / cucurrucucu / サクラカネヨ直売所 / BEARD

MARKET PLACE

MHL. / SNOW SHOVELING BOOKS & GALLERY / Swimsuits Department / 山下商店 / BOUNCE / URBAN RESEARCH DOORS / GOOD DAY/ SUNSALO+ / PAPERSKY / gift* / LIFEPROTEX

EVE

[Live] BBQ BAND　[Food Director] 船越まさよ/原川慎一郎

2016

8.20 (SAT)
11:00–21:00 ☀

かわなべ森の学校

DATE   PLACE

この年大分〜熊本地震が起き開催が危ぶまれるが、周囲の自粛ムードの中開催。GNJメンバーも大分・熊本へ支援を
したこともあって大分・熊本から多くの出店・参加者が鹿児島を目指した。ステージ装飾はアーティストと一緒に数ヶ月かけて
鹿児島市内でワークショップを開催して制作。オリジナルグッズも登場。直行バス内でのラジオ番組が始まる。
プレイベントも全国で行われた。前夜祭は豚一頭分を土中に埋めて蒸し焼きにするというより大規模なものに。

MUSIC

[Live] UA / otto&orabu / The Pints / THE ACOUSTICS /
monoclaft / kokomoonpelli / Robin Dupuy
[DJ / Music Selector] 川辺ヒロシ / GOOD NEIGHBOR DJs

GOOD NEIGHBORS COLLEGE

#1   OK PROJECT 報告会：錦戸主税、杉村輝彦、高田淳平、
      鶴田宏和 モデレーター：坂口修一郎
#2   伝わることと伝わらないこと：佐久間 裕美子、岡本 仁
#3   YCAM バイオ・リサーチ：津田和俊
#4   ハロー・ニューファーマーズ：加藤紀子、松野下 友明、瀬川利紀

WORKSHOPS

わらべうたワークショップ・クラス (UA) / ドラムサークル（ドラムサークルファシリテーター、森田孝一郎）/ DanballHouse ワークショップ (PandA) / 真
鍮スプーン作り (Lue) / ろくろ陶芸体験（ファクトリー17 市之瀬 章）/ ゆらゆらモビール workshop (Studio cloud) / ワークショップ、リラクゼーショ
ンボディケア（ハグモミ）/ 石けんづくりワークショップ (Lanka) / カホン（民族打楽器）ワークショップ (HMカホン 浜崎 有章) / いすづくり workshop
（第一工業大学根本研究室＋隼人工業高校ものづくり部）/ カタルタ・ワークショップ（福元和人／メドラボ）/ シルクスクリーンハンドプリントワークショ
ップ（ヤマコヤ やまさき薫）/ 金つぎ銀つぎワークショップ（古道具 MARÜTE）/ MUKIMU Summer Arts & Crafts (MUKIMU Workshop) / UV レジンで
ヘアアクセサリーを作ろう！(Stand) / "コーヒーのある暮らしの楽しさ発見" ワークショップ (Starbucks Coffee) / 革で作るタッセルキーホルダー
(RHYTHMOS) / 泥染めワークショップ（金井工芸、UNITED ARROWS green label relaxing）/ オリジナルバッチ作り (WORK NOT WORK) / 出張 d
SCHOOL「硫黄島の硫黄を使った線香花火をつくるワークショップ」（筒井時正玩具花火製造所、大島公司、大岩根尚）/ バランスボールワークショッ
プ（朴玲奈／一般社団法人体メンテナンス協会）/ ash / 布クレヨンでオリジナルサコッシュ作り (ash実行委員会) / ash / 刻印を打って作るキーホル
ダー（ash / YUKO HODATE）/ ash / うちわ WORKSHOP（ash / 篠崎理一郎＆中原みお＆江夏潤一）/ ash / オリジナルのジンカップを作ろう！(ash /
アキヒロジン 秋廣 琢）/ ash / エアープランツを着生させよう！(ash / Araheam) / ash / ONE KILN 転写ワークショップ (ash / ONE KILN)

SPECIAL PROGRAM

キャメラバトン (tomovsky*、安藤アンディ) / ピープルズ こどもアナウンサー（MBC南日本放送）/ みんなでオラブワークショップ (otto&orabu) / 森の写真館（南
修一郎）/ 森の美容室 〜ヘアドネーションチャリティーカット〜 (valetta) / ある教室からの脱出 (Spice Project) / こどものトーキョーバイク試乗会 (tokyobike)

PROJEECT

ツリーデッキ（高橋素晴）/ ボルダリング体験（キロニコボルダーパーク）/ スラックライン（カゴスラ）

STAGE DECORATION

平川 渚（アーティスト）/ 金井工芸

MOVIE

森の映画館（日田シネマテーク・リベルテ＋鹿児島プチシネマ）

RADIO

People's 公開生放送（MBC南日本放送）

FOOD & BEVERAGE

POT A CUP OF COFFEE / HAY grill&coffee / イタリアンジェラート CLOVER / RIRAKU / BEARD / かごの島食堂 / アヒルストア / fam カ
フェレストラン /GOOD NEIGHBORs / 玖子貴 / ON THE TABLE / CUCURRUCUCU / すすむ屋茶店 / Tas Yard / casa Vecchio-stand
cafe ROJI / とどろき酒店 / カリー学研究所 / さくらじまジェイコブスパイス / しょうぶ市庭 in GNJ / Tawan + ippukuya / COFFEE
COUNTY / 暗黒餃子 / citruss SODA STAND / Iocco / THE OPEN BOOK / graf / LIFE Daily Meals 熊本 / 下堂薗茶舗 / うみねこ /
CIFAKA / 小正醸造株式会社 / 大和桜酒造 / サクラカネヨ / 山角や / 八百屋ノ肴〜ヤオヤノサカナ〜 / ふくろうのパン

MARKET PLACE

MHL. / URBAN RESEARCH DOORS / GNJ2016 オフィシャルショップ / ash Satsuma Design & Craft / GOOD DAY / KENTA STORE /
gift* / SNOW SHOVELING BOOKS & GALLERY / RHYTHMOS / Mountain Morning Department / NEW ALTERNATIVE / Gallery
TABIRA & RinSelect / LAG BAG MUSiC / TOWER RECORDS / Bounce / OK湯布院チーム

EVE

[Live] グッドネイバーズ BBQ BAND   [DJ] 川辺ヒロシ、グッドネイバーズ DJs   [Food Director] ジェローム・ワーグ / 原川慎一郎

2017

8.19 (SAT)
11:00–21:00 ☀

かわなべ森の学校

DATE   PLACE

前年の大分～熊本地震を受けて、森の学校存続のための地域団体の結成を発表。
九州北部豪雨被害チャリティー上映など、地域とのつながりがより深くなった。ステージもレンタルではなく
しょうぶ学園とともに一からハンドメイドで構築。ツリーハウスにもステージが組み込まれ2ステージに。
台湾からアーティストが再び参加し大好評。

MUSIC

[Live] cero / otto&orabu / 雅友会 / BLACK TAPE / KI DRIFTER / Midnight Wanderers / 原田郁子
[DJ / Music Selector] Resident DJ 川辺ヒロシ / GOOD NEIGHBOR DJs

GOOD NEIGHBORS COLLEGE

#1 「森と水のくらしプロジェクト」発表会：東大海、ジェフリー・S・アイリッシュ、佐藤孝洋、坂口修一郎　協力：鹿児島国際大学
#2 台湾～鹿児島 勝手に兄弟祭り！Amis Music Festival台湾 × GOOD NEIGHBORS JAMBOREE鹿児島：スミン、青木由香、坂口修一郎
#3 「GROW YOUR OWN ～自分で食べるものを自分で育てる」：宮原悠成、岡本 仁

WORKSHOPS

"KENDAMA"ワークショップ (BOUNCE) / シルクスクリーンでつくる、HOLIDAY BAG (ヤマコヤ やまさき薫) / MUKIMU Summer Arts & Craft (MUKIMU Workshop) / ゆらゆらモビールワークショップ (studio cloud) / Indigo Dye Workshop (金井工芸) / 白薩摩の絵付け体験 (やまぐちめぐみ・シークレット絵付師 J氏 / 美山笑点) / オリジナル "ツールバッグ" 製作 (Johnbull) / HMカホンワークショップ (HMカホン) / GOOD NEIGHBORS JAMBOREE 森の写真室 (藤堂正寛〈double famous〉、松嶋浩平) / バランスボールエクササイズ (一般社団法人体力メンテナンス協会) / ハグモミワークショップ / リラクゼーションボディケア (ハグモミ) / 「竹で遊ぼう!」こどもガーデンズ川辺出張所 (富永剛〈創作竹芸とみなが〉、マルヤガーデンズ) / 傘の生地でサコッシュを作ろう! (北村哲 / FY MAG 2017) / はじめての金継ぎ教室 (古道具MARÛTE 小笠原哲也) / 風鈴製作の彫金体験 (鳴ッ屋) / 陶芸ろくろ体験 (ファクトリー17 市之瀬章) / カゴシマ×スターバックス (Starbucks Coffee) / 草木染めワークショップ (佐藤 孝洋、UNITED ARROWS green label relaxing)

SPECIAL PROGRAM

ドラムサークル (ドラムサークルファシリテーター〈リズム案内人〉) / パチガツ27日 (tomovsky*、安藤アンディ) / GOOD NEIGHBORS JAMBOREE からの挑戦 (Spice Project)

STAGE DECORATION

橋口博幸 (竹文化研究家 / 愛竹家) CHIKAKEN

PROJECT

ステージを竹灯りで飾ろう! 竹灯り装飾ワークショップ (橋口博幸 / Chikaken) / ピープルズ こどもアナウンサー (MBC南日本放送) / ピープルズ こどもインタビュアー (MBC南日本放送) / "ブラジャンボリー" 川辺高田地区オープンビレッジツアー (ジェフリー・S・アイリッシュ 協力：鹿児島国際大学) / 移動式試聴ルーム「Technics Sound Trailer」(Technics) / 美山笑点 presents 変わりゆく美山と薩摩焼について (野崎恭平、吉村佑太、瀬川利紀) / THE NORTH FACE presents 九州ロックトリップ2017 (中嶋徹) / スラックライン (かごスラ) / ボルダリング体験 (キロニコボルダーパーク) / 「little tokyobike」試乗会 (tokyobike)

MOVIE

九州北部豪雨被害チャリティー上映『小鹿田』(文部省特選映像)
上映&トーク (日田リベルテ・petit cinema)

RADIO

People's 公開生放送 (MBC南日本放送)

FOOD & BEVERAGE

Tas Yard / casa Vecchio - stand cafe ROJI / サクラカネヨ / うみねこ / しょうぶ市庭 / 山角や / GOOD NEIGHBORs / ON THE TABLE / RIRAKU / さくらじま Jacob Spice / fam / 玖子貴 / CUCURRUCUCU / CIFAKA / そばる / すすむ屋茶店 / 216 JUNCTION STORE / POT A CUP OF COFFEE / 下園薩男商店 / HAY grill&coffee / ponchice / VOUL / とどろき酒店 / GOOD DAY / 小正醸造 / 大和桜酒造 / COFFEE COUNTY / The OPEN BOOK / aview / CONTE_ / 寿山の台所 / アヒルストア

MARKET PLACE

MHL. / URBAN RESEARCH DOORS / gift* / LAG BAG MUSiC / KENTA STORE / ash Satsuma Design & Craft / GOOD NEIGHBORS JAMBOREE 2017 オフィシャルショップ

EVE

[Live] グッドネイバーズBBQ BAND　[DJ] 川辺ヒロシ、グッドネイバーズ DJs　[Food Director] エリツィン (岸本恵理子) / 冷水希三子

2018

8.18 (SAT)
11:00-21:00

リバーバンク森の学校

DATE

PLACE

前年に続きステージからすべてハンドメイドで開催した。地域×地域で神山フードハブが参加。
地元川辺をテーマにした地域映画の上映などより川辺地域との連携が深まった。
ステージ装飾は印染による大漁旗を使ったものに。前夜祭は徳島県・神山と鹿児島のシェフが協働した。

MUSIC

[Live] スチャダラパー / otto&orabu / Cairophenomenons /
南部式×ジャイアントストンプス / LAGBAG MUSIC BAND /
ラス ファニーズ / STAYCOOL from Taiwan / 吉田 耕平
[DJ / Music Selector] RESIDENT DJ 川辺ヒロシ /
GOOD NEIGHBOR DJs UC (KNICKS) / 奥村朗 (Gadge) / 矢野武

GOOD NEIGHBORS COLLEGE

#1　移動は創造力と想像力を刺激するか!?（皆川明、岡本仁）
#2　地域創生の現在進行形〜神山フードハブと川辺リバーバンク
　　両プロジェクトを通して（真鍋太一、坂口修一郎）
#3　その土地とつながりながらつくる『d design travel』のつくり方
　　（神藤秀人 聞き手：中村麻佑）
#4　自分らしく生きる。そのための学び（福本理恵、高橋素晴）

WORKSHOPS

Johnbull × GOOD NEIGHBORS JAMBOREE オリジナルサコッシュ (Johnbull) / 廃材をつかったスピーカーづくり (サイエンスホーム × DIYer(s)) /
THE NORTH FACE ダンボールアート体験 (THE NORTH FACE と 島津冬樹/CARTON) / 風鈴をつくる彫金ワークショップ (鳴ヶ屋) / 銅板を使った缶
バッチ&オーナメントづくり (studio cloud) / 金つぎワークショップ & 何でも金メッキ! (古道具 MARÜTE) / 川辺焼の象嵌体験 (ファクトリー17 / 市之瀬 章) /
GNJ2018でオリジナルのカトラリーを作ろう (suddo/ Lanka) / 傘生地で作る「サコッシュ」+GNJ特製レザータグも付けれる!ワークショップ (北村哲 /
FY2 PROJECT & RHYTHMOS) / Ladybug Necklace & Game Workshop (MUKIMU Workshop) / "KENDAMA" ワークショップ (BOUNCE) / 石ころ
石けんとサシェづくり (STARBUCKS coffee × ヤマコヤ) / 泥染めワークショップ (金井工芸 × UNITED ARROWS green label relaxing) / 鹿児島で過ごす
「夏の足もとの楽しみ方」(AMU WAGON / BIRKENSTOCKと靴下屋 × RIBI (鹿児島理容美容専門学校)) / HMカホンワークショップ (浜崎有章 /HMカホン)

SPECIAL PROGRAM

キャメラバトン (tomovsky*、安藤アンディ) / ドラムサークル (ドラムサークルファシリテーター〈リズム案内人〉) / こどものトーキョーバイク試乗会
(tokyobike) / ハグモミワークショップ　リラクゼーションボディケア (ハグモミ)

PROJECT

ピープルズ こどもアナウンサー （MBC南日本放送） / 森の美容室 (valetta) / 防災ワークショップ「私の備え。いつものもしも。」（無印良品）

ACTIVITY

体験ボルダリング (キロニコボルダーパーク) / バランスボール レッスン体験 (一般社団法人体カメン
テナンス協会) / スラックライン (PSP) / ウォーキングフットボール (鹿児島ユナイテッドFC)

STAGE DECORATION

亀崎染工

MOVIE

森の映画館『お日さまに照らされて–私とふるさとの先輩たち–』上映&トークショー
(聞き手：日田リベルテ・シネマテーク、Petit Cinema　話し手：川辺に暮らす人たち)

RADIO

People's 公開生放送 (MBC南日本放送)

FOOD & BEVERAGE

日南麦酒 / イタリアンジェラートCOCO / ひぃ坊屋 / 下園薩男商店 / すすむ屋茶店 / とどろき酒店 / 小正醸造 / 山角や / GOOD NEIGHBORs /
CUCURRUCUCU / HAY grill&coffee / COFFEE COUNTY / Osteria e Bar RecaD / ponchice / しょうぶ市庭 / 大和桜酒造 / 玖子貴 /
ナガサト酒店 / ドルフィンインダストリー / そらのまちほいくえん / そばる / サクラカネヨ / うみねこ / アリゾナチキンマーケット / VOUL / アヒル
ストア / The OPEN BOOK / ON THE TABLE / IL FELICE / Goodday / casa Vecchio trattoria Bar / CAFESHOP / RIRAKU / Araheam /
Hobo Brewing / Food Hub Project

MARKET PLACE

gift*/ LAG BAG MUSiC/ SPINNS VINTAGE&CAFE / GOOD NEIGHBORS JAMBOREE オフィシャル ショップ / KENTA STORE /
Cheerfulmark / BROWN SHEEP / URBAN RESEARCH DOORS / MHL. / minä perhonen × しょうぶ学園 × GNJ

EVE

[Live] Echo Maker　[DJ] 川辺ヒロシ、グッドネイバーズ DJs　[Food Director] 神山 Food Hub Project

2019

記念すべき10回目にして規模の縮小が始まった年。ステージははじめて校庭の真ん中に設置され、
オーディエンスが取り囲んで見ることのできる形状に。ワークショップはすべてコラボレーションで10に限定。
フードについて学ぶものも登場。前夜祭ははじめてゲストを入れず鹿児島の若いシェフだけで構築。
天候は晴れのち雨のち晴れのち雨という10回分のダイジェストのようだった。

MUSIC

[Live] SILENT POETS SPECIAL
DUB BAND / 二階堂和美 with
LAGBAG MUSIC ORCHESTRA /
otto&orabu / 清貴 SING FOR JOY /
Love Samba DEES
[DJ / Music Selector]
RESIDENT DJ 川辺ヒロシ

GOOD NEIGHBORS COLLEGE

#1　"明後日"朗読会 Pre yomuyomu「プレ詠む読む」（株式会社明後日 小泉今日子、瓜生和成）
#2　落語高座（瀧川鯉八）
#3　ヒトシの部屋／あなたとビートルズ
　　　（岡本仁、皆川明、齊藤輝彦、ジェフリー・S・アイリッシュ、加藤紀子）
#4　FOOD COLLEGE / 狩猟について学ぶ　ジビエ BBQ！（beet eat 竹元久仁子）
#5　FOOD COLLEGE / 地元でしか味わえない おむすび&茶節ワークショップ
　　　（山角や 水口拓也 / meguru 椛英子）

WORKSHOPS

JIMOTO MADE アイスコーヒー（STARBUCKS coffee × kiitos）/ 藍染めワークショップ（UNITED ARROWS green label relaxing × 金井工芸）/ makerhoodエプロンカスタムのワークショップ（Johnbull × 江夏潤一・篠崎理一郎）/ 端材を使ってもしものストックバッグをつくろう。（無印良品 × RHYTHMOS）/ ORIGINAL WOOD SHAKER MAKING（THE NORTH FACE × 鹿児島の木工作家）/ 端材で作るお香立て&蚊取り線香（サイエンスホーム鹿児島 × DIYers）/ 段ボール×レザーのカードケース作り。（RHYTHMOS×島津冬樹）/ リボンのくんしょうロゼット（WHYTROPHY×亀崎染エ）/「伝統技法でお皿に模様を描こう！」（やまさき薫×Factory17）/『真鍮ドアベル』（Lue×鳴る屋）

SPECIAL PROGRAM

GOOD NEIGHBORS MARCHING BAND / カホンワークショップ（浜崎有章HMカホン）/ ピープルズこどもアナウンサー（MBC南日本放送）/ ドラムサークル（ドラムサークルファシリテーター〈リズム案内人〉）/ ハグモミワークショップ 、リラクゼーションボディケア（ハグモミ）/ 森の美容室（valetta）/ 歌のワークショップ（清貴 SING FOR JOY）/ Mysterious Walk（CALMA）/ 出張d school「わかりやすい桜島の椿油」（D&DEPARTMENT KAGOSHIMA）/ キャメラバトン（tomovsky*、安藤アンディ）/ 不織布を使用したショッパーバッグのシルクスクリーンワークショップ（バッグブランド「unnun」）/ 森の写真館（南修一郎）

ACTIVITIES

BOUNCE KENDAMA 体験（BOUNCE Kagoshima）/ キロニコ ボルダリング（キロニコボルダーパーク）/ スラックライン（かごスラ）/ バランスボール（一般社団法人体力メンテナンス協会）/ スポーツバイク ツーリング（ヴォルカニックサイクル）/ 川下り体験（YAMAP）

RADIO

People's 公開生放送（MBC南日本放送）

FOOD & BEVERAGE

TABLEs / 8kitchen / カケガワビール / beet eat / 下堂園茶舗 / エジプト料理アッシャムス / MUNCHIES / kitchen Gouter /OOSE CAFE / 鹿児島国際大学 / 大和桜酒造 / 下園薩男商店 / サクラカネヨ / 玖子貴 / そばる / Goodday / 小正醸造 /POT A CUP OF COFFEE / VOUL / cucurrucucu / しょうぶ市場 / ON THE TABLE / 山角や / すすむ屋茶店 / とどろき酒店 / DOLPHIN INDUSTRY / ponchice / アヒルストア / そらのまちほいくえん / Osteria e Bar RecaD / イタリアンジェラートCOCO / GOOD NEIGHBORs / THE OPEN BOOK / casa Vecchio / 長谷ふるさと村 / 農事組合法人 土里夢たかた / 日南麦酒

MARKET PLACE

Short pants every day / MHL. / URBAN RESEARCH DOORS / CODE / BROWN SHEEP / gift* / LAG BAG MUSIC / 山下商店甑島本店 / PAPERSKY STORE / minä perhonen

EVE

[Live] Echo Maker　[DJ] 川辺ヒロシ、グッドネイバーズ DJs　[Food Director] Tables

11th

2020

10.31 (SAT)
11:00-20:00

リバーバンク森の学校

DATE

PLACE

はじめて時期を秋に移しダウンサイズ。世界的なパンデミックで周辺の祭りやイベントが軒並み中止に追い込まれる中、チケットを限定して開催。隣接する森の開拓が始まり敷地が1.5倍になって当日のキャンプ泊が可能になった。隣接する森にはウッドデッキが設置された。フード出店という従来の形態をやめ、食の提供は実行委員とシェフチームによる1日だけのプラットフォームレストランに限定。会場内での現金使用をやめ全て革の廃材で制作したGNJコインに統一。

PERFORMING ARTS (MUSIC / PERFORMANCE)

[Live] 中納良恵 / Act Local Summit / OHANA楽団 × HIHIHI / GLARE SOUNDS PROJECTION
[DJ / Music Selector] RESIDENT DJ 川辺ヒロシ / GOOD NEIGHBOR DJs

GOOD NEIGHBORS COLLEGE

#1　レコードコンサート GNJ2020（岡本仁、ゲスト：奈良美智）/『好きな場所へ自由に行きたい』（岡本敬子×岡本仁×坂口修一郎）
#2　『森の座談会』（アキヒロジン×佐藤政宗×坂口修一郎）
#3　『アヒルストア Aug 2019-Mar 2020』アヒルストア日記ができるまで（齊藤光代×齊藤輝彦×山野英之×柿本真希）

CRAFT WORKSHOP

スウェーデントーチをつくる（DWELL）

AROUND TABLE (MEALS & BEVERAGES)

GNJ Pratform Restaurant

GOOD NEIGHBORS JAMBOREE

2021

10.23 (SAT)
11:00–20:00

DATE

リバーバンク森の学校

PLACE

依然としてパンデミックは収まらずイベントの中止や延期が相次ぐ中開催。
隣接するリバーバンクの森のウッドデッキが更に拡張。
ダウンサイズしてシンボルツリーの下に帰ってきたステージは12回ではじめて屋根のないプランが実現した。
グッドネイバーズ・カレッジのコンテンツから鹿児島の甘い醤油をオーガニックでつくるプロジェクトが生まれた。

PERFORMING ARTS (MUSIC / PERFORMANCE)

[Live] コトリンゴ / The Honest / Chu Makino
[DJ / Music Selector] 川辺ヒロシ / GOOD NEIGHBOR DJs
[Performance] ケッチ

GOOD NEIGHBORS COLLEGE

#1　レコードコンサート GNJ2021 (小西康陽 聞き手：岡本仁)
#2　パントマイム初級クラス (ケッチ)
#3　僕たちが好きな、大切な、残したい、鹿児島の風景や文化 (斎藤輝彦〈アヒルストア〉、原川慎一郎〈BEARD〉聞き手：坂口修一郎 (GNJ))

WORKSHOPS IN THE WOODS

ブッシュクラフトワークショップ (CALMA by Ryo Okamoto)
森のお茶会 supported by CHIRAN TEA

ACTIVITY

スラックライン (かごスラ)

MUSIC WORKSHOP

こえをかさねる (LAGBAG MUSIC 上山紘子)

AROUND TABLE (MEALS & BEVERAGES)

GNJ Pratform Restaurant
『僕たちが好きな、大切な、残したい、鹿児島の風景や文化』

2022

リバーバンク森の学校

開催直前でアメリカ西海岸から来日予定のゲストがキャンセルというハプニング。
開催直前にピンチヒッターを発表し開催。プラットフォームレストランにはロシアからのシェフが参加。
隣接する森ではアコースティックライブとDJ、湧き水の小川でととのうサウナが登場。
協賛ではなく地域のお祭りのようなドネーション制が導入された。

PERFORMING ARTS (MUSIC / PERFORMANCE)

[Live] 真心ブラザーズ / otto&orabu / TAISONG (Tabi no Tochu Band) / Rei Wada / コジマサトコ / Tommy Guerrero (来日キャンセル)
[DJ / Music Selector] 川辺ヒロシ / GOOD NEIGHBOR DJs / WOOD NEIGHBOR DJs

---

GOOD NEIGHBORS COLLEGE

#1　松本隆について語ろうよ (渋谷直角 (まんが家)・齊藤輝彦 (アヒルストア)・岡本 仁 (編集者))
#2　『私の好きなもの・定番』(岡本敬子・小阪靖子 (iroiro) 進行役：柿本真希 (編集))
#3　『僕がスケートボードから学んだ事』(平野太呂 (写真家)、坂口修一郎)

WORKSHOPS IN THE WOODS

バターナイフ作りワークショップ
森のお茶会 supported by CHIRAN TEA
焚き火焙煎ワークショップ

ACTIVITY

スラックライン (かごスラ)
クラフトコーラとサウナでスパイシーにととのう
ボルダリング体験
cue culture base スケボーミニランプ体験

MUSIC WORKSHOP

GOOD NEIGHBORS MARCHING BAND (LAGBAG MUSIC 上山紘子)

AROUND TABLE (MEALS & BEVERAGES)

GNJ Pratform Restaurant + Igor Kuznetsov

坂口修一郎 | Shuichiro Sakaguchi

プランニングディレクター、BAGN, Inc.代表、一般社団法人リバーバンク代表理事

1971年鹿児島生まれ。無国籍楽団ダブルフェイマスのオリジナルメンバー。2010年より鹿児島でクロスカルチャーな野外イベント〈グッドネイバーズ・ジャンボリー〉を主宰。BAGN (BE A GOOD NEIGHBOR) Inc.代表として現在は東京と鹿児島の2つの拠点を中心に、日本各地でオープンスペースの空間プロデュースやイベント、フェスティバルなど、ジャンルや地域を越境しながら数多くのプレイスメイキングを手掛けている。鹿児島の地域プロジェクト〈一般社団法人リバーバンク〉代表理事。

STAFF

アートディレクション・装丁	TAKAIYAMA inc.
イラストレーション	江夏 潤一
編集・ライティング	柿本真希
協　力	馬場拓見(OWL)

BAGN Inc.

鳩貝建二 / 黒瀬優佳 / 橋口弘 / 坂口広亮 / 寿山良介 / 大重絵理 / 加治屋紗代
有村奈緒美 / 瀬戸口奈央 / 福司山佳那 / 名取美樹 / 浜田啄夢 / 上堂泰輔

一般社団法人リバーバンク

有村光雄 / 東敬一郎 / 東大海 / ジェフリー・S・アイリッシュ / 末吉剛士

グッドネイバーズ・ジャンボリー実行委員会一同

SR Factory / WALK INN STUDIO！/ フタバ
これまでご協力いただいたボランティアサポーター、サクラ島大学サポーター、協力協賛社の皆さん
Our Family&Friends

写真提供

安藤アンディ / Tomovsky* / 南修一郎 / 磯畑弘樹 / 東花行 / 松下瑞樹 / 濱田英明

グッドネイバーズジャンボリー

GOOD NEIGHBORS JAMBOREE
ローカルの未来を照らすコミュニティ・フェスティバルの12年

2022年11月30日　初版第1刷発行

著　者	坂口 修一郎
発行者	三宅貴久
発行所	株式会社 光文社
	〒112-8011　東京都文京区音羽1-16-6
電　話	編集部：03-5395-8172　書籍販売部：03-5395-8116　業務部：03-5395-8125
メール	non@kobunsha.com
	落丁本・乱丁本は業務部へご連絡くだされば、お取り替えいたします。
組　版	堀内印刷
印刷所	堀内印刷
製本所	ナショナル製本

R〈日本複製権センター委託出版物〉
本書の無断複写複製（コピー）は著作権法上での例外を除き禁じられています。本書をコピーされる場合は、そのつど事前に、日本複製権センター（☎03-6809-1281、e-mail:jrrc_info@jrrc.or.jp）の許諾を得てください。
本書の電子化は私的使用に限り、著作権法上認められています。ただし代行業者等の第三者による電子データ化及び電子書籍化は、いかなる場合も認められておりません。

©Shuichiro Sakaguchi 2022 Printed in Japan
ISBN978-4-334-95342-3